メルコ管理会計研究　第10号-Ⅰ　2018

Melco Journal of Management Accounting Research

CONTENTS

	メルコ学術振興財団設立10周年記念国際シンポジウム	3
	メルコ学術振興財団設立10周年記念国際シンポジウム　その1	4
研究論文	わが国のマネジメント・コントロール研究の文献分析 ―わが国企業実務に焦点を当てて―　　横田　絵理・乙政　佐吉・坂口　順也 　　河合　隆治・大西　靖・妹尾　剛好	61
	原価計算システムと財務業績の関係に経営管理者の能力が与える影響 ―社会福祉法人を対象とした定量的研究―　　尻無濱芳崇・市原　勇一・澤邉　紀生	75
事例報告	不動産会社のアメーバ経営 ―サンフロンティア不動産の事例―　　丸田　起大・市原　勇一・澤邉　紀生	95
	公益財団法人メルコ学術振興財団セミナー記録　　澤邉　紀生	107
	『メルコ管理会計研究』執筆要領　　メルコ管理会計研究編集委員会	117
	編集後記　　澤邉　紀生	120

メルコ学術振興財団設立10周年記念国際シンポジウム

　メルコ学術振興財団設立10周年を記念した国際シンポジウム『日本的管理会計の評価と展望』が，名古屋国際会議場において2017年4月6日（木）〜8日（土）にかけて行われた。本号では，講演・パネルディスカッション『日本企業の管理会計実務の評価と展望』（4月7日）と『管理会計研究の最新動向—助成研究者による成果報告—』（4月8日）の講演録を掲載する。なお，各氏の肩書はシンポジウム時点のものである。4月8日（土）に開催された海外特別講演・パネルディスカッション『Current Trends and Future Directions of Management Accounting Research』講演録は次号掲載予定である。

講演録1　日本企業の管理会計実務の評価と展望

コーディネーター
　　星野優太氏（椙山女学園大学　教授）
講演者／討論者
　　米澤章吾氏（日本航空株式会社　執行役員／路線統括本部　国際路線事業本部長）
　　山口周吾氏（ソニー株式会社　Headquarters　経営企画管理部　General Manager）
　　小林英幸氏（SBI大学院大学　教授）
コメンテーター
　　足立直樹氏（名古屋工業大学　客員教授）

講演録2　管理会計研究の最新動向—助成研究者による成果報告—

第1会場
司会　小林啓孝氏（早稲田大学大学院　教授）
報告者
　　藤野雅史氏（日本大学　准教授）
　　君島美葵子氏（横浜国立大学大学院　准教授）
　　福島一矩氏（中央大学　准教授）

第2会場
司会　松尾貴巳氏（神戸大学大学院　教授）
報告者
　　尻無濱芳崇氏（山形大学　准教授）
　　山口直也氏（青山学院大学大学院　准教授）
　　福田淳児氏（法政大学　教授）

メルコ学術振興財団設立 10 周年記念国際シンポジウム
その 1

　メルコ学術振興財団設立 10 周年を記念した国際シンポジウム『日本的管理会計の評価と展望』が，名古屋国際会議場において 2017 年 4 月 6 日（木）～ 8 日（土）にかけて行われた。本号では，講演・パネルディスカッション『日本企業の管理会計実務の評価と展望』（4 月 7 日）と『管理会計研究の最新動向―助成研究者による成果』（4 月 8 日）の講演録を掲載する。4 月 8 日（土）に開催された海外特別講演・パネルディスカッション『Current Trends and Future Directions of Management Accounting Research』講演録は次号掲載予定である。

講演録 1　日本企業の管理会計実務の評価と展望

コーディネーター
　　星野優太氏（椙山女学園大学　教授）
講演者／討論者
　　米澤　章氏（日本航空株式会社　執行役員／路線統括本部　国際路線事業本部長）
　　山口周吾氏（ソニー株式会社 Headquarters 経営企画管理部 General Manager）
　　小林英幸氏（SBI 大学院大学　教授）
コメンテーター
　　足立直樹氏（名古屋工業大学　客員教授）

第 1 講演

JAL（日本航空）におけるアメーバ経営

米澤　章氏（日本航空株式会社　執行役員／
　　　　　路線統括本部　国際路線事業本部長）

　皆さまこんにちは。ただ今ご紹介をいただきました，日本航空の米澤でございます。本日は 30 分程度お時間をいただきまして，表題のとおり弊社におけるアメーバ経営を取り入れさせていただいた中での当社の変革について，ご説明をさせていただきます。

　私の名前と所属がここに書いてございますが大変長い部署名になっております。この中で路線統括本部というものが，これから私がお話をする中で，一番重要なポイントとなりますので，ここを中心にご説明をさせていただきます。

　まず，少し自己紹介をさせていただきますと，私はここに国際路線事業本部長と書いてございますが，簡単に申し上げますと日本航空の国際線の責任者になります。私の責任範囲は約 5,000 億円。この 5,000 億円の中の利益最大化が私の役目です。具体的には，例えばどこかの路線を開設する。また，どういった飛行機を買うか。身近なところでは，例えば機内食などをどうしていくのか。機内のシートをどうするのかといったことも含め，総合的に国際線に関して私が責任を持って事業をさせていただいているという状況です。

　それから，日本航空について少しご説明をしなければなりません。日本航空は 2010 年 1 月，経営破綻をいたしました。そのとき，京セラの当時名誉会長でいらっしゃいました，稲盛様にお越しいただきまして我々の中にアメーバ経営を導入していただきました。まさに，倒産，破綻をしてから 6 年間，我々がどういう道を歩んできたのか。特にアメーバ経営を導入することによって，社員の意識がどう変わったのか。これを中心にお話をさせていただきます。

1　日本航空の現状

　それでは，まず冒頭から大変恐縮ですが，クイズを一つさせてください。弊社は 220 機航空機を持って事業をさせていただいていますが，大体，航空機 1 機は幾らだと思いますか。当てませんので，頭の中でご想像いただけませんか。

最新の一番新しいボーイング787という，中型機ではありますが大変長い航続距離を持つこの航空機で1機大体200億円です。それらを220機持ちます。おそらくメーカーさんであれば，土地を買って，工場を建てて，生産ラインを動かすまでで200億くらいだと思いますので，それをたくさん持ちながら，逆に言うと装置産業的な意味合いを持って，今我々はサービス業として仕事をさせていただいております。

本日もこの中で業績を簡単にご説明いたしますが，昨年2015年度で1兆3,000億円くらいの売り上げ。それに対して営業利益が2,000億円。営業利益率15.7％。社員で言えば3万人くらいの企業でございます。破綻をする前におきましては約1.5倍，社員数にすると，約5万人の企業でございました。その企業がさまざまな理由で破綻をいたしまして，その後このアメーバ経営を導入させていただいたというイメージでございます。

では，この1兆3,000億円で15.7％という営業利益率が，世界の航空会社の中でどれくらいのイメージなのかを，簡単にご説明をさせていただきます。皆さまがご存じの例えばエールフランス様，それからブリティッシュエアウェイズ様，それからシンガポール航空様は，大体同じくらいの規模で1兆5,000億円くらい，これくらいの規模でございます。営業利益に関しては，大体多い航空会社で5％。普通は平均的にはやはり3％くらいの営業利益率になります。世界の航空会社の中でLCC，ローコストキャリアと呼ばれる航空会社を除くフルサービスキャリアといわれる私どものような航空会社においては，大体最大でも5％くらいの営業利益。弊社も過去破綻前に記録した最高利益がやはり約5％くらいでした。その中で現在の15.7％という営業利益は，おそらく航空業界の中では特出した営業利益率を出していると思っております。これは自慢をするために申し上げたのではありません。もともと大赤字で破綻をした会社が，ここ5年，6年の間でどのように変わっていったのかというお話をするために，冒頭にお話をさせていただきました。

2 破綻前の姿

それでは，その変化した組織をご説明する前に，我々の破綻以前の姿のお話をしませんと，お分かりいただけないと思いますので，簡単に破綻以前の俗に言う悪い会社の例をご説明させていただきます。まず破綻以前ですが，まさにこの収入予算といわれるもの。普通，会社は年度の当初に予算を作ります。これは国家予算と同様収入予算も費用予算も，一度作られると，それは普遍のものと考えていました。費用予算であれば，一度獲得をすれば，その予算はもう既に既得権のように持たれていました。特にそういったものは本社の企画部門が独自に作って，それを各営業所，営業部門，各サービス部門に伝達をしていく，俗に言う国における機構と同じような形になっておりました。それから空港や機内サービス等は，サービスに特化と書いてございますが，実は皆さまもご存じのとおり，飛行機に乗るときにはどういった道順になるかと申し上げますと，例えば予約センターにお電話を頂戴する。それから当然空港に来ていただいて，チェックインをして飛行機にお乗りいただいて，それから最後お降りいただいて現地にお向かいいただくのですが，我々の空港機内や，これを支える整備部門，運行を支える運航乗員，客室乗務員というものは，まさに「サービスのプロたれ」と教育をされていました。何が目的かといいますと，コストや会社，収入といったことよりも，自分がプロフェッショナルで最高のサービスをお客さまに提供することがあなたたちの仕事ですよ，という教育をしてきました。実際，彼らは飛行機を安全にサービス良く仕事をするために，そのための教育を受けさまざまな現場改善もしてまいりました。ただその中で，我々の会社の現場あるいは本社においては，会社全体を見ながら収支をバランスしていくという組織が，お恥ずかしながら不在であったということでございます。こういった組織からどういった組織に変わったかというところを，次にご説明をさせていただきます。

3 路線統括本部

　先ほど私の肩書きの中で，路線統括本部と申し上げました。その中で収入と費用とそれの引き算である収支の責任を負うという部門を，稲盛名誉会長の肝いりで作ったという経緯がございます。この組織はどういう組織なのかということを，まず説明をさせていただいた上で，その後，この中の構成員の意識がどう変わったかご説明をさせていただきます。

　まず会社の中で，この黄色い部分に私がおります，路線統括本部という本部です。そしてここに書いてあります矢印はお金の流れを指します。ですから，社内にお金が実際に，もしくは疑似的に流れる。こういうイメージを皆さまにお持ちいただければと思います。

（第1講演については講演者の都合で図表の掲載を見合わせていただいております。）

　ここに私がおります国際路線事業本部がございます。私は，これから事業をしていく中でまず何をするかといいますと，まず，ここにあります，経営戦略部が飛行機を買います。例えばボーイングやエアバス社等から飛行機を買ってくる。私は路線計画部を通じてその飛行機を仕入れていきます。そのために，疑似的にお金を払うという流れができます。まず飛行機がそろいました。次にこの飛行機を飛ばすために燃料を入れます。これは，調達本部が燃料を買ってまいります。我々はそこに，またお金を支払います。次に飛行機を飛ばすために運航乗務員，パイロットですね。それから整備をしてもらう。それから客室乗務員。それから空港でチェックインをしてもらう。このように各部門に協力対価支出としてお金を支払います。これでやっと私は飛行機とそれを飛ばすだけのお金を支払って，商品を作っていきます。次に，飛行機のおなかの部分。これを私は逆に貨物郵便本部に販売をして，貨物本部から収入を得ていきます。これで飛行機を飛ばすということになりました。では，この飛行機を飛ばすときには，旅客販売統括本部に，「お客さまに対してこの飛行機の座席を売ってきてください」とお願いします。当然，この営業部門が一生懸命お客さまを集めて，お客さまにお乗りいただく。お客さまにお乗りいただいた収入は，私のところに全部入ってきます。冒頭私の責任範囲は5,000億円とご説明をさせていただきましたが，私は国際事業として5,000億円の収入を得ます。一般的な会社では，おそらく収入そのものは営業部門の中に入っていく。ところが今回，収入も全部ここ。それから，ここから出ていく費用も全部私がお支払いをするという形で，国際事業に関するものの中で，収入および費用については私が全部司掌するという形になって，その中で利益を上げていくという形になります。少し面白いところでは，皆さまがお乗りいただくと貯めていただけるマイレージ。そのマイレージで特典航空券にお乗りいただくお客さまがお一人いらっしゃると，私どもから路線統括本部内のマイレージ本部に対してその席を販売いたします。マイレージによって，お金を私がいただく副次的な収入もございます。今ご説明を申し上げたこのルールにのっとり，まさに社内において，こういった疑似的な流れが行われ始める。これが，アメーバの一つの要諦となります。これはなにかといいますと，後ほどご説明をいたしますが，今まで社内に全くお金が流れていなかったところに，初めてのお金の流れを意味します。

4 アメーバ経営による変化

　アメーバの特徴ではあると思いますが，この形態ができたときに大きく二つ，良いことがありました。一つは，まず，疑似的にでもお金が流れる前に，ここで我々はやはり契約行為を結びます。1便当たり飛ばすのに，客室乗務員の1人当たりの対価は幾らにする。運行乗務員が何時間飛べば幾らにする。飛行機の整備を何日間でやってもらえれば，幾ら支払う。このようにお金の流れが発生する中で，それぞれの本部との交渉が行われます。交渉が行われるとはどういうことかというと，間違いなくそこには意思の疎通があります。私がこうしたいというと，支援本部や客室整備等の本部は，いや，その協力対価ではやっていけないと

いうように意思を交わすようになってくる。これが最大のポイントで，冒頭申し上げましたときに，客室乗務員，整備，空港というところは，もともとはサービスのプロフェッショナルであれ。整備は，お金をかけてでもいいから最高の整備をやれ。運航は，安全に現地に飛行機を届ければいい。こういった意識だけで，彼らは社会人として収入を得ていた中で，ここで初めて自分たちも話し合いができる。経営と話をできるというような，双方向の意思が表れた。これが一つの大きな効果でございました。

続きまして，二つ目。この意思が疎通された後にちゃんと話がつきますと，我々は協力対価というものを支払います。それは，1便飛行機が飛んだ，もしくはこれくらい整備をしていただいたという，お金が出てきます。そうすると，もともとコストセンターと呼ばれていた各本部，イコール全く収入を生まない自分たちはサービスをしていればいいという本部の中に，初めて収入という意識が生まれます。さらに収入が生まれる一方で，自分たちはコストもかかっているということを，彼女たち，彼らは，自覚をし始めます。そうすると何が起こるかといいますと，収入が入って費用を認識すると，当然その間に収支，利益というものを意識することになります。これが二つ目の大きな効用で，今まで会社にいて，会社の大きな利益自体は，期末に自分たちに一度告げられるというものだったところが，毎月自分たちの本部は一体どれだけの収入を得ていて，一体どれだけのコストをかけて，今は黒字なのか，赤字なのか。そういうことを各本部が意識をし始めます。各本部も，まさにそこの本部の中でこれを司る人たちが意識をするだけではなくて，各本部員一人一人がその意識を持ち始めます。例えば，客室本部であれば今まで自分たちが飛行機に乗るときに，飛行機の中で自分が水やお茶を飲むコップが幾らだ，というイメージがなく当然飲めば捨てることを繰り返してきました。ところが今，彼女たちは何をしているかといいますと，コップ一つ1円。このように教育された彼女たちは，その紙コップを1フライトの間，ずっと使い続ける。今は，自分の

コップを持ってきたりしています。整備等は，整備をするときに使う手袋やウエスというタオルみたいなものがありますが，これをもともと買っては捨てていた。これを今では当然何回も，今まで10回使ったものを20回使う意識が出てきました。今はさらに，例えば社内で「要らないTシャツをください。そのTシャツでいろいろな物や工具を拭いたりします」というように，1枚ウエスを使わなければ一体幾らのコストダウンができるかということを意識し始めるようになりました。

もう一度申し上げると，今までコストというもの，もしくは収入，利益というものを認識していなかった組織が，まさに今月，一体どれくらいの利益が上がったのか。今月は，赤字なのか，今月赤字だったら来月は何をするべきなのかを意識し始めたということです。

5 部門別採算

では，この本部を立ち上げて何ができたか，そのもう一つは，部門別採算です。皆さまはもしかしたらご存じかもしれませんが，アメーバ経営の中では部門別採算という考え方，それから表というものがございます。部門別採算の中では，部門別採算表というものを皆さまにお見せできれば一番いいのですが，これは門外不出，見せてはいけないというものになっておりますので，簡単にご説明をさせていただきます。

実は破綻の前の弊社もそうでしたが，一般的な会社の各部門は，各部門なりの帳票を持って，いろいろな数字を管理しているところが多いと思われます。ただ，現在この部門別採算，アメーバを入れた弊社においては，全社どの部門においても，同じ収支の採算表を作っております。これはA3横型の表となっておりますけれども，今日は時間がないので詳細は申し上げませんが，この表で自分の本部においては，例えば客室本部であれば，一番上に，機内販売の収入があります。その後には2番目の収入として，先ほど私が支払うといった，協力対価の収入があります。その収入の下に客室の費用が挙がります。例えば，客室部門における費用である機内食など客室にかかる費用を差

し引いて，一番下に，その客室本部の利益が出る。これは運航も整備も全く同じ表を使っています。そうすると，ここに書いてあります各部門が共通の物差しを持つ。この物差しは，ものすごく大事です。なぜなら，そういった物差しがないと例えばどこの本部はどれくらいもうかっているのか。どこの本部より自分の本部はもうかっていないか。こういうことを意識ができません。ですから共通の物差しを持てたこと。これがまさにアメーバの中の部門別採算における，予定実績採算表。部門別採算表といわれるものでございます。

これは明確化，見える化のための共通のフォームでもあります。例えば，私の本部であれば国際線の収入の下に費用があります。その費用はどんな費用かと申し上げますと，例えばニューヨークの空港における水道光熱費もしくは賃料の平米当たりの単価。私はそこまで知っています。私の司掌が5,000億円と申し上げましたが，実は私のその採算表の単位は10万円です。ですから，一番上が5,000億円ですが各月のそれぞれの項目の単位は，その表の中には全部10万円単位で記されています。ですから，当然1社においては全体がものすごく大きな枠になりますが，実は各表においては単位10万円で，各本部が毎月その表を必ず追っていくことになります。そうするとどういうことが起こるかといいますと，まさに各部門でどうやって利益を上げていくのかというモチベーションが働きます。例えば，今月はプラスになった。プラス2億円だった。だけど先月はプラス1億円だった。次の月は予定ではマイナスの5,000万円になる。そうすると，その次はどれくらい取り戻さなければならないかが大体分かってきます。それがまさに他の本部の表を見ても一目瞭然。この本部は今どういう立ち位置にいるのか。どういう収入，利益の状況にいるのかが一目瞭然で分かります。仮に全社が悪くなったときに，コストカットをしようということになったとします。例えば全社で5％のコストカットをすることが決まったときに，各部門，自分のところはどれくらいコストカットをすればいいのかを考えるときに，うちの本部はやり過ぎているのではないかとか，うちの本部はもっとやらなければいけないのではともし考えるとすれば，おそらくそういった表がバラバラであれば，全くその度合いや進捗が分からない。しかし，こういった共通の表がありますと一目瞭然。あそこの本部よりはうちの本部は全然できてないね，うちの本部は他の本部よりかなり頑張ってやれているなと，お互いの本部は疑心暗鬼にならず，一つの目標に向かって一生懸命それを達成する努力をすることができる，共通の物差しが持てたことによって，社員の意識がどんどん変わっていったのです。

6　リーダーの役割

それから，そういったことを推し進めていく中ではリーダーの存在が必要です。リーダーというものは，アメーバ経営の中では大変重要な役割を示します。アメーバ単位の最小単位は，弊社では約5人から15人くらいの単位になりますが，その中に必ずリーダーがおります。リーダーの役割というものは，破綻前の弊社ではおそらくそのリーダーというものは，イコール，マネージャーであったり経営者であったりということでありましたが，今の我々は5人から15人の単位の中の管理職でない者，その中でもアメーバを引っ張っていく者。これをリーダーと我々は呼んでいます。このリーダーというものは，そのリーダーであることを自覚して自分が引っ張っていくアメーバを，その効果を最大限に発揮するためにいる存在だと思われているので，このリーダーというものが我々の組織の中で大変重要な役割を示します。よく稲盛名誉会長がおっしゃっていたのが，ご自身が会社を立ち上げたときに，「全社隅々まで自分で見たい。ただ，1,000人2,000人と会社が大きくなっていく中では全部を自分で見ることができない。そうすると，自分の分身，孫悟空が髪の毛を抜いて自分の分身を作っていくように，その分身がどうしても欲しい」とおっしゃったところから，まさにこのアメーバ経営，部門別採算のリーダーの発想があったと伺っています。それはまさに自分の分身であるリーダーを作っていくこと，これが企業の最大のパワーになる。経営者だけ，

役員だけ，もしくは部長だけが会社のためだけを思って社員を引っ張っていくような組織ではなくて，最小単位であるアメーバのリーダーが会社を引っ張っていく。これがアメーバ経営の，おそらく最大のポイントだと思います。そのときに，このリーダーに対してはさまざまな教育があります。その中の一つにフィロソフィー教育というものを行っています。そのフィロソフィー教育というものがアメーバのリーダーを強くしていきます。

　最後に，先ほど申し上げましたように，各部門で利益に対する意識の高まりというのがございます。そうすると，まずそういった利益に対する意識の高まりというものが起こると何を考えるか。自分が経営に参加している，例えば先ほどの整備のウエスの話や客室乗務員のカップの話をしましたけれども，一つ自分がそれをコストカットやコストダウンをすることによって，そのコストカットしたお金が実は会社の利益に直結をしているという意識がものすごく強く芽生えてまいります。そこで初めて，1人の社員が自分の会社の経営もしくは利益に貢献をできたという意識を改めて持った。これが我々の会社の復活劇の大きな原動力でした。冒頭にお話をした中で，約1,500億円急に利益が出た。全くの赤字の会社が1,500億円の利益が出ました。その半分は収入のプラスではありましたが，ほぼ半分はコストカットによる利益の押し上げでした。これはまさに，社員がコストを低減していくこと，その中に喜びを見いだしたことによって会社の利益を大きく押し上げたということになります。

7　おわりに

　おわりに，一つ我々のそういった意識からできあがって，日本航空の今一番主力になっている商品のお話をさせていただいて，お話をまとめたいと思います。今，弊社はご存じのとおり，エコノミークラスの足元が他社に比べて10cm広いです。10cm。これは，世界の航空会社の中で，エコノミークラスのシートの足元を広げた会社は1社もありません。世界の航空会社のビジネスモデルは，エコノミークラスを詰めに詰めて，横8席の場所に9席入れて，足は33インチのところを31インチに詰めて，席の数を多くして収入を上げていく。利益を上げていく。これが世界の航空会社のビジネスモデルです。ところが，弊社だけシートの足元幅を広げて利益を得ています。これはなぜそういうことになっているか。これをやるためには，例えば航空機1機にもともと100席の航空機があったとします。ところが足元を広げることによって席が80席になってしまいます。ということは2割席が減った。そうすると収入を2割増やしても，まだ前とトントンです。逆に，席が2割減っても収入を3割増やせば利益が上がる。これを我々は実践をして，現在利益が上がっています。

　これはどういう発想で生まれたかといいますと，実はこれは，現場からこの考え方が上がってきました。航空会社のセオリーからすると，そういったものは全く考えたことがありませんでした。ところがこれはまさに現場から，特に客室乗務員の発想から出てきました。彼女たちは破綻をして，ものすごく商品が悪い時代に「堂々とした商品を売らせてください。人よりも良い商品を売らせてください。そうしたら我々は，私たちは最高のサービスでおもてなしをしたい。そうすると，日本航空の商品は世界一素晴らしい商品になって高く売れると思います」こういう意見が上がってきました。以前の会社でしたら，全く収支の考え方を持たない客室乗務員の考えやアイデアに対して，おそらく誰も反応しなかった。ところが今，末端まで客室乗務員まで収支という考え方が浸透している中で上がってきた意見を我々は無視することができませんでした。皆さまには大変申し訳ないと思いますが日本航空の商品を，私は「日本航空の商品は良いけど高いよね」と言われるよりも，「日本航空の商品はちょっと高いけど良いよね」と言っていただけるように目指しています。この原点は，まさに一客室乗務員が，もしくは客室本部がエコノミーを広くして，それを高く売って収益性を上げていけばどうかという意見から生まれました。まさに全員，会社員全員が一丸となって収入とコストを意識している証拠だと思います。

最後にまとめますと，我々の社員3万2,000人おりますけれども，本当に全社員がこのアメーバ経営，部門別採算を信じて，それからフィロソフィーを信じて今やっているからこそ，ここまで復活をさせていただいたと思います。それから最後に，もちろんこうやって復活させていただきましたのは，皆さまがご利用いただいているからでございますので，改めましてここにお礼を申し上げたいと思います。どうもありがとうございます。

第2講演

ソニーにおける経営管理および経営改革

山口周吾氏（ソニー株式会社　Headquarters
　　　　　経営企画管理部　General Manager）

皆さん，こんにちは。ただ今ご紹介いただきました，ソニー株式会社,本社におります山口です。本日はこのような貴重な機会をいただきまして，ありがとうございます。また，10周年おめでとうございます。

ソニーはご存じのとおりかなり前の時代がすごい勢いがあって，世界で最先端の商品を出すという時期がありまして，創業家がいなくなったあたりから少し経営が傾いて，一時期アメリカ人が経営トップをやるという時代もありました。そこから，この平井社長になったのが2012年。そこから第1次中期計画。そして今，第2次中期計画をやっていますが，その中でやってきたことを管理会計に近い部分を含めてご紹介をしたいと思います。

最初に私の自己紹介になりますが,組織図では，ただ今は左側ですね。CFOの吉田のところでメインに働いております。一方で右側，技術代表の鈴木がおりますので，両副社長を支えるという形です。私自身は事業の責任者ではございませんので，ソニーの下にぶら下がっている各事業をどうやってマネージするか，どういう指示を出すとみんなが動いてくれるかというようなことをやっています。

簡単に私の履歴ですが，1992年に管理工学科を卒業して，若い学生の方はご存じないかもしれませんが，ホームビデオですね，VHSデッキとか8ミリデッキ，ベータをやっていました。そこから6年目にアメリカで販売会社に行きまして，経営管理をやっています。それからVAIOですね。今ではソニーとしては撤退をしましたがパソコン事業の工場,工場の管理を2年ほどやっています。2003年に1度本社に呼ばれまして，社長,副社長。当時，久夛良木というPlayStationを始めた者が副社長をやっていましたが，彼のスタッフをやっていました。そこでコニカミノルタさんとカメラ事業をソニー側に移すという契約交渉をやりまして，それがまとまったので，今の一眼カメラであるαと呼ばれる事業をしばらくやっていました。そして2014年7月，吉田CFOが来られて半年弱のところですが，そこで本社に行っているという状態です。

1　ソニーグループの歴史と現状

ソニーグループは1946年，東京通信工業株式会社という名前でスタートしています。東通工と呼ばれていました。ここで，「真面目ナル技術者ノ技能ヲ最高度ニ発揮セシムベキ自由闊達ニシテ愉快ナル理想工場ノ建設」という形で，これを設立趣意書と呼んでいますが，このような経営理念の下，大手にはできないことをやろうという形でスタートをしました。

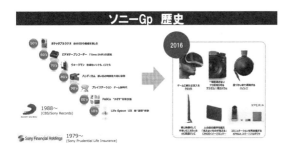

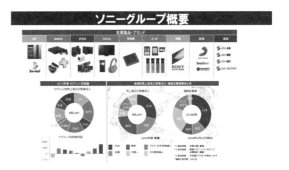

　それから，グループの歴史です。ソニーの場合は年代によってソニーをイメージする商品が全く違います。日本人とアメリカ人でもソニーのイメージが違うという形で，左の上の方が一番古いもので，最初がラジオです。トランジスタをラジオに使って，最初ビジネスを始めています。そこから映像を記録しようということで，ビデオテープレコーダー。そして，音楽を外に持ち出そうということで，当時カセットテープですが，ウォークマンを始めたのがこの時期です。そして，ハンディカム，パスポートサイズとか，若い方は全くご存じないと思いますが，ハンディカムという製品を出していました。1990年代に入って，PlayStation。これは1号機ですが，ゲームの世界を変えるという形でPlayStationを始めています。それから，皆さん駅でピッってやったりすることが多いかもしれませんが，あそこにはFelicaという技術が全て入っています。2016年現在，歴史図右にありますが，かなりプレミアムで高額な，他のメーカーさんだと作らないような商品にかなり集中しています。日本航空さんから数を落としてでも単価を上げていこうという話がありましたが，ソニーとしても，ウォークマンを例えば1台30万円とかですね。30万円だとケーブルが高くて，アンプをそろえると全部で100万円のような商品とかですね，そういうのも今かなり集中して出している状態です。

　一方で，歴史図の左の方にありますがCBSソニー。音楽業界，それから映画業界にも参入しています。そして1979年，プルデンシャル生命と組んで生命保険を始めました。現在はソニー損保，ソニー銀行等もやっていて非常にバラエティーに富んだ事業やっている会社です。

　それで現在の主要な事業が概要図の上の方に書いてございます。一番左がMC，モバイルセグメントですが，ここでスマホ，Xperiaと呼ばれるスマホ，それからインターネットのSo-net，NUROなどをやっています。左側二つ目がゲームアンドネットワークサービス。PlayStationのビジネスになります。それからIP & S。これはカメラですね。α，デジタルカメラあるいは放送局のカメラや映画館で映すようなプロジェクターもソニーでやっています。それからHE & S。これがテレビ，ウォークマン，ヘッドホン。そういうような家庭の音楽系も含めてやっています。それから半導体事業は，スマホに入っているセンサーですね。これはかなりのシェアがありますので，XperiaだけではなくてiPhoneにも使っていただいているというのが，弊社のイメージセンサーです。それから，コンポ事業はかなり小さいですが，SDカードとか，昔はソニー独自のメモリースティックなども作っていました。それから，映画がアメリカ中心，それからインドの映画事業もかなりやっています。テレビ番組，放送局の事業もやっているのが映画事業です。右から2番目。音楽に関してはソニーミュージックという，西野カナなどのCDを作っているところもありますし，マイケル・ジャクソンの曲を権利として握っているというような事業もやっています。一番右が生命保険，損害保険，それから銀行，それから介護事業という形。これらは全部で8兆円くらいの売り上げがございます。ですので，いろいろなさまざまな事業をやっているところをどうやって本社として経営が成り立つようにコントロールし

ていくかが，非常に難しい経営の状況になっています。左の右下にございますが，売り上げに関しては，このように非常にばらついています。ゲームアンドネットワークサービスだけで，現在1兆5,000億円を超える規模感ですし，1兆円規模の会社がそれぞれあるようなイメージと思っていただければと思います。地域の方も，日本が4分の1くらい，米国，欧州という形で，非常にバランスがよく取れていますし，アジア，中近東，それからアフリカにも販売拠点があるという会社になっています。従業員が12万5,000人。最新の状況ではもう少し減っていますが，日本にいる従業員も全体の3分の1くらいで海外の方が多い経営になっています。

一方，なかなか最近新しい商品を出せていないということで，シーズアクセラレーションプログラム（SAP）という形で社員が自由に応募をして，そこで審査に通るとどんどん商品を出す，あるいは会社を起こすということをやっています。実際にソニー入って2年目の方がすぐ課長になって，そこの事業トップとして販売している商品もございます。メッシュですね。昔で言うと電子ブロックのような，いくつかの部品を組み合わせると回路が作動するものです。あとはフェイスウオッチ，wena。これは時計ですが白黒のデジタルですので，アプリで変えると毎回デザインが変えられるというような時計もやっています。あとは，アロマスティック。これは香りをカプセルの中に入れて，それを持ち歩けると。いつでも自分の好きな匂いをかげるというような，新しいトライアルをやっているということもソニーの中でやっています。

2　エレクトロニクス事業体制

ここから，エレクトロニクスの事業の体制の話をします。弊社は，カンパニー制を含め，日本の各社と比べると，かなり早い時期からいろいろなことをやってきています。ただ一方で，ゆり戻しがあったりしていますので，1983年に事業本部制を導入しています。その11年後，1994年に社内カンパニー制ということで，カンパニーごとにプレジデント，ネットワークカンパニープレジデントという体制をいくつも作ったというのが，この頃の時代です。

さらにその11年後，2005年にカンパニー制をやめて事業本部制にしています。この間に，一番左の頃が1兆円の売り上げであったものが，倍の倍に増えて5兆円を超えたのが2005年の頃でした。現在，今の事業の自立，各事業がしっかり経営をしてくれという形で，全ての事業を分社化しました。ソニー株式会社に残っているのは，あとはR&D，研究開発部隊と，我々のような全社をコントロールする部隊に絞っています。それ以外は全て子会社にしています。ですので，小さな本社と，あと共通プラットフォームという部隊をシェアードサービスにしたという形で，11年くらいでいろいろな仕組みを変えているという会社です。

現在，第2次中期計画の最終年度ということで，今年1年，経営数値の目標としては，ROEを10％以上，それから営業利益に関しては5,000億円以上という，我々としては高い目標というよりも，会社として存続する以上出さなければならない数字という形で設定してございます。

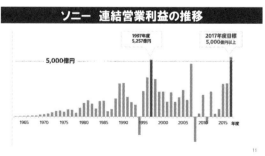

ですが，ソニーグループ全体の営業利益の推移を見ていただきますと，1960年代から書いてございますが，過去5,000億円いったのが1回だけ。1997年です。かなりユーロとかも有利な状況で，このときの最高が5,257億円。ギリギリ達していないのが，2007年。このときにはいろいろな資産を売って，この営業利益がかさ上げされていることもありますので，5,000億円を超えたのが1回きりという形で，ほぼ過去最高利益に挑戦するというのが，現在の弊社の目標です。このあたりを見ていただくと分かるように，非常に苦しい時期が続いていました。テレビも10年間以上赤字です。最近はピクチャーズの減損も入れましたし，そういう形でのまだ再建の最中というのが弊社の状況です。

3 ソニーの経営管理

ソニーの中で，どういう形で経営管理をやっているかというのが他社とは異なりますので，そのあたりも最初にシェアした上で第2次中期計画の話に入ります。ソニーでは管理屋と呼ばれる私のような職業がございます。財務もできない，経理もできないという管理屋がございまして，経理の3倍くらいの人員を抱えてやっています。そういう部隊が，各事業の中に，事業トップを支える参謀役として入っています。さらに，事業部の方にも，もちろんサポートしていますので，先ほどのアメーバ経営でいくと，この単位で必ず採算構造を持っています。もちろん事業部でも採算構造を持っていて，もう一個下くらいまで採算構造を持っており，そこを全部コントロールしてどういう指示を出すか，どういう問題を見つけだすかというのは，このような管理部隊の役目になります。経理等は経営から遠いということで，シェアードサービスに人事，総務らと一緒にして全体の事業を支えるという形で，我々の場合は管理が中に入っています。そこに対して，どういう指示を本社から出すかが，私がいる本社側のポジションという形になっています。この体制自体はもう何十年も続いていますので，日本航空さんと比べて，我々はずっとそういう物差しがありながら，上がったり下がったりしている会社という形でご認識いただければと思います。

どういう採算構造の部分を見ているかですが，我々の場合，部品メーカーさんから部品を買います。自社の工場で作る場合と，例えばフォックスコンさんのような，外のOEMメーカーさんに作ってもらう場合があります。各事業子会社ですね。テレビを作っているのは，ソニービジュアルプロダクト，SVPと呼んでいますが，そういう会社です。アメリカに売る場合は，アメリカにまた販売子会社がございます。そこへ売り上げを立てています。そこである電気屋さんに，例えばベストバイに売りますと，そこで初めてソニーグループから外に出ますので，そこが売り上げになります。一方コストの方は，ソニーグループの工場の手前，あるいはこの製造委託先がソニーグループ外であれば，そこから買ったところが，各事業の見る採算構造になります。ですので，我々の場合は販売連結でやっています。他社メーカーさんを見ると販売連結ではないところも多々ありますが，我々の場合はこれをもう10年以上ずっとやっていますので，このような形で見ています。日本航空さんの中にもご説明がありましたが，我々の場合も各事業に対して，共通部分はいろいろなサポートをしていますので，ここからあなたに幾ら払ってね，何してくれるのよという会話を，かなりけんかをしながらやっています。場合によっては，社内の機能が不十分であれば外の機能を使うという形で，ソニーグループ外と契約するというのも自然にやっている状態です。

我々各事業，あるいは事業本部，事業部の単位で何を見ているかですが，ここから経理ではなかなかできない形になっています。売り上げ，先ほどの販売会社ですね。ソニーグループ外の販売会社に売った時点を100として，売り上げを認識して，変動費か固定費かで分けています。変動費が弊社のようなメーカーですと，材料費，あるいは運ぶ物流費。あるいは，関税がかかれば関税等。そこで，我々はMPと呼んでいますが，マージナルプロフィット。ここまでが日々，毎日やっていく仕事です。一方で，人件費，あるいは設備の

償却費等は，毎日は振れませんので，ここについては固定費として認識をします。これが，販売会社も含めて全部このような形で見ており，何台売れた，何台作るというのは，ほぼ毎週やっていますので，弊社の場合は毎週このMPまではアップデートされるという形になります。固定費まで含めた営業利益は毎月1回，各事業それぞれ全員が見ているというのが，弊社の数字の見方になります。

4 第2次中期計画

そういうような状況の中で，我々は平井社長時代の第2次中期計画という形で，2015年から17年，今年が最終年度ですがいくつかの改革を行っています。

ソニー株式会社 経営方針説明会資料

ここにありますように，第1次中期計画の2011年から14年は，よく例え話に挙げられます。ソニー，去年が創立70周年です。会社も70年経つと，いろいろなところが弱ってきたり，余計なぜい肉が付いたり，なかなか自由に動けない会社になってきています。その中で，急にもう立てないので，病院で運ばれたのがこの時期で，いろいろな手術をやりました。ここの血を止める，ここはもう骨をくっつける。そういう荒療治が第1次中期です。今はそこから毎日少し野菜を食べようとか，もう少し歩いた方がいいよねというような，毎日の経営の規律をどうするのかが，今ソニーの大事なフェーズで，ちょうど今そこをやっています。その後それがうまくいけば，2018年以降鍛えた体で，さてジャンプするのか，遊びをするのか，何かプレーをするのか。そういうもう一回ソニーらしいフェーズに戻すのがその次の第3次中期の目標になります。

ソニー株式会社 経営方針説明会資料

第2次中期計画ですが，先ほどのような管理体制が割とパスがある中でどういう指示を出したかですが，高収益企業の変革ということで三つ大きく掲げました。まず最初に，一律には規模を追わない収益性重視の経営と。ソニーの社員は，かなり自由闊達な方が多いのもあって，非常に市場で闘いたい人が多いです。我々の商品は世界でナンバーワンシェアを取りたいとか，売り上げを3年で倍にしたいというような方が非常に多くて，そのために設備が増えたり，組織が増えたり，人員が増えるということがございましたので，我々はもっとお客さんを不特定多数にはしないで，我々の商品の良さを分かってくれる方に特定して，より良い商品を作っていきましょうというような方向に舵を切りました。これは後ほどまた少し具体的な例をご説明します。

二つ目に，最初にありましたようにかなりバラエティーに富んだ事業をやっていますので，本社で全ての事業を毎日見るっていうのは，非常に難しい状況ですので，各事業にしっかりと経営をしていただくという形で，分社化をしたり，各事業が投資家と直接話をするというような機会も増やしていっています。

三つ目に，各事業の位置づけの明確化という形で，先ほど言いましたように，各事業が成長を求めます。ソニーの場合は，成長をするのが偉い人のような感じがありましたが，会社の事業のライフによっては，そういうフェーズではない事業もたくさんありますので，そこを明確に分けたという，この3点が第2次中期の大きなポイントになります。

第2次中期計画の中で，事業トップを決めたこと，それから位置づけを明確化にしたこと，それに合わせてKPI，ボーナスと完全にリンクさせた形で各事業がどの数字を見ますかということ，あと，対話。この四つについて簡単にご紹介します。

5 事業トップ

事業トップ。それまではテレビですと，毎年赤字だとトップが代わるというような経営を繰り返していましたが，そうしますとなかなか数年かかるような経営改革ができないような状況ですので，事業トップを第2次中期では固定しています。それから5,000億円という目標を作ったときに，ある事業は1,000億円出しなさいなどということは，弊社の場合は一切やってない状態です。各事業は今年800億円だったら，来年どういう変化があれば，あなた幾ら出るかというところだけをチェックをして，全体としていくかいかないかは後で見ている状況ですので，ここは会社によっては違うところかなと思います。あとは，事業計画。毎年1年分作りますが，我々のような市場の動きが速いカテゴリーですと1年分当たらないと思った方がいいよねという前提で，かなり変えました。ですので，外れたときにどうするかというような，避難訓練をやるような計画の立て方にしています。あと，社内にニュースを走らせるとありますが，我々の場合設計者の方が多かったり，あるいは映画を作っているクリエーターの方などは，とてもじゃないですが，我々のような管理的な数字は分からない状態です。ですので，いかに分かりやすく伝えるかというのは，かなり注意をして指示を出しています。それも後ほどご紹介します。

経営体制ですが，社長の平井，それから副社長，当時2015年に副社長，CFO側，財務側と技術側が決まりました。そして，先ほどありました事業ごとに責任者を明確にしました。赤いところは当時変更があったメンバーですので，第2次政権，3年間はこのメンバーでいくというのを確定した状態です。来年も変える予定はないと聞いていますので，しばらくこのようなメンバーでソニーのグループの経営をやっていくという形で固定したのは，過去の歴史からすると初めてのことです。

6 事業の位置づけ

それから事業の位置づけです。

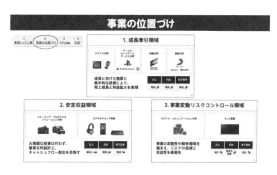

今まで社員が皆成長を求めていて，どんどん売り上げ増やしたい，シェアを伸ばしたいというところを，そうじゃないよという形で，成長牽引領域と，それから二つ目，安定収益領域，いわゆるキャッシュカウですね。それから，事業変動リスクコントロール領域というこの三つに分けました。例えば，スマートフォンですね。それから，テレビに関しては事業変動リスクと。社内ではリスクコントロールと呼ばれていますが，それまでスマホは世界3位を目指して拡大路線を歩んでいた人たちに，あなたたちリスク事業ですよという形で，かなり抵抗ありましたが，そういう形で売り上げは下げていいからその代わり利益をきちんと出せ，そのために投下資本あるいは固定資産を増やすなというような，明確な指示を出しています。

7　KPI

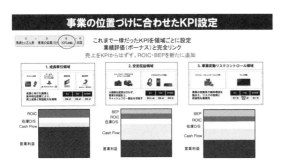

　次にありますが，それに合わせて売り上げをKPI，我々の主要指標から外しました。これは多分ソニーでは初めてで，成長領域でも売り上げを追わなくていいよと。成長領域に関しては，これ，ボーナスの交渉のイメージですが，営業利益を頑張ったらボーナスを持っていってくれと。安定収益は，キャッシュフローの方が大事なので，利益が多少出なくても，在庫を削ったりして，キャッシュが出たら，ボーナスを持っていっていいよというような形でかなり変えました。一方で，ROIC，これは全社目標をROEにしていますので，個社ではROICを入れています。それから，ブレークイーブンポイント（BEP）。これは後ほど少し説明しますが，これも経営の規律としては非常に重要なので，この安定収益，それからリスクコントロールについては入れたというのが当時です。

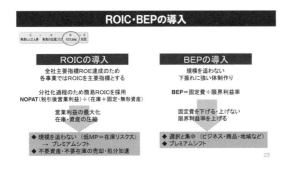

　ROICに関しましては，勉強された方は分かるかもしれませんが，弊社の場合は各事業のバランスシートがまだきれいに分かれていない状況ですので，簡易的に分母は在庫と固定資産，あるいは無形資産という形で分母を出しています。ですので，営業利益を上げるときに，在庫固定資産がむやみに上がるとこの数字が下がっていきますので，バランスシートをいかに大きくしないで経営をやっていくかと，利益を上げていくかという効率をお願いしています。ブレークイーブンポイントについては，規模を追わない経営を目指していきますので，規模を追うたびに固定費を上げるということをやめてくれというようなメッセージを出しています。

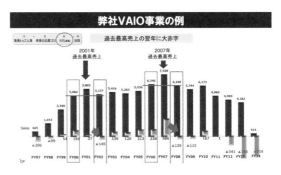

　これが弊社の実際の例です。VAIO事業，パソコン事業の過去の全ての売り上げと利益です。2回売り上げのピークがございます。2001年，当時の過去最高売り上げ5,800億円。それから，2007年，7,500億円という数字がございます。その翌年大きな赤字を両方とも出しています。このような失敗を実際，スマホ，テレビも繰り返しています。もう1個見ていきますと，その最高益の前の年とその大赤字になった年の売り上げは大して変わりませんね。このときが5,000億円くらい。このときは6,200億から6,300億円。ということは，2年間で同じ売り上げなのに，利益がこれだけプラスとマイナスがひっくり返るくらい固定費が上がり，先ほどのマージナルプロフィット，粗利が，率が下がっています。実際起きているのは，少しでも値段を下げて，自分たちに落ちる利益を削ってシェアを取りにいく。シェアを取りにいきたいので，アメリカにもう少し販売費を使う，あるいはアフリカに営業拠点を作るなど，だんだん固定費が増えることになっていましたので，その結果翌年に大赤字となる。これがスマホもテレビも過去何回も繰り返しているミスです。ですので，これをやらないように仮に売り上げが上がっても，ブレークイーブンポイントを上げるなというのを

今，徹底しているというのが過去のレビューからしたKPIの変更です。

8　対話

あとは，対話を非常に増やしています。各事業が投資家，市場と対話する機会も年1回やっています。それから，我々本社と事業の対話を非常に増やしている状態です。ですので，ここにあまり数字とか経営数値よりも，事業戦略，あるいは経営の質のようなことをかなり増やしています。この辺を組み合わせてこれまで第2次中期をやってきました。第2次中期最終年度は5,000億円の目標にしています。一方で，昨年度は2,400億円が公表数値です。何とかこれはサプライズなく終わる予定ですが，一時的な費用が映画の減少も含めて1,800億円くらいありますので，現在の実力値が2016年で4,200億円くらいです。それをあと800億円くらい上げるのが2017年度の目標で，そのうちエレクトロニクスが4,000億円を超える利益を出すという状況に計画上はなっているという状態です。

9　おわりに

最後になりますが，2018年以降そこまで戻した会社が，次に何をしなければならないかというと，営業キャッシュフローを含めて，まだキャッシュの総出力が低い会社です。そこもあって，格付けが現在東証の上位20社の中では，もう圧倒的に弊社が低いという状況でもございます。ですので，もう一段営業利益が赤になるかどうかというフェーズではありませんが，キャッシュをどうやって出すかというところを一つ注力することにしています。それからKPIに関しましては，今まで各事業は余計なところに行かないように，いろいろな崖の手前に柵を作っていたKPIを作っていましたが，徐々に各事業側に経営を自立させるということで，よりシンプル化する方向にいきます。それから，最近ソニーらしい商品が出ないという声はあちこちから聞いていますので，このような経営の規律をきちんと守りながら，多分，弊社が5,000億円の次に8,000億円，1兆円出て

も商品がつまらなかったら多分叱られる会社ですので，いろいろな商品を出して，失敗もしながらきちんと5,000億円出せる会社にしていく，というのが我々の目標です。その中では，新規にどうやって挑戦していくかの仕組みづくり。あるいは，新規に挑戦したときに会社が壊れないようなリスクコントロールの仕組み。また，社員が長い間リストラのフェーズにありましたので，なかなか自由にできない風土も残っていますので，その辺を整備していくという形が主なポイントになります。

途中にありましたように，5,000億円出した翌年以降，ゼロ，7が付く年に強くて，8が付く年に弱いというのがソニーの歴史ですので，2018年以降崩れないように，どうやって継続的に会社を良くしていくかが，我々の最大のポイントになっています。まだ発表もしていませんし社内的にも伝えていませんが，我々の中の営業利益の概念も少し変える方向で2018年からやろうとしています。今年から中でトライアルをして2018年からきちんと回していくという形で，社内の見る利益の基準も変えようと内部的にも動いています。

そういう形で，いかに分かりやすく社員に伝えるか，あるいは設計の方，あるいは映画を作っているようなクリエーターの方でも，何とか分かっていただけるような指標。かつ，全てをボーナスにリンクさせることをこの間から始めていますので，皆さんが，なぜ俺のボーナスは少ないのかといったときに，きちんと説明できるような形で伝わるような仕組みを入れてきたというのが，これまでのやり方です。

先ほど対話とありましたが，我々の社内の歴史とか社内の常識に頼っているのが一番まずいなというのが，我々の認識です。私自身も一昨年早稲田大学に1年通わせていただきました。去年は一橋大学にお邪魔して1年間勉強させていただいて，学校関係，それから他社の方との交流も，現在月1回くらい他社さんを回っていろいろ勉強させていただいています。ソニーは，まだまだ病み上がりで外を自由に走れる会社ではないので，皆さまからもいろいろアドバイス，そしてご指導いただければ幸いかと思います。これで，以上にな

ります。ご清聴ありがとうございました。

第３講演

トヨタ自動車の原価企画
—コストを作り込む—

小林英幸氏（SBI 大学院大学　教授）

小林　小林でございます。本日は盛大なシンポジウムにお招きいただきまして，ありがとうございました。『トヨタ自動車の原価企画—コストを作り込む—』ということで，30分ほどお時間をいただきます。

まず私が何者であるかというところをご紹介いたします。トヨタ自動車に去年の７月まで勤めておりました。設計，製品企画，原価企画を経験してまいりました。昨年の７月，退社と同時にSBI大学院大学という，皆さん，きっとご存じないと思いますが，そういう大学院がございまして，そちらでお世話になっております。原価企画をやっている頃に，学問に目覚めまして，MBAを取りに行きました。その後で，後期博士課程にも行きまして，実は学位をいただいたのがつい先週のことでございまして，研究者としては全くの駆け出しの者でございます。

1　トヨタの原価企画の基本的思想

本日はこのようなメニューでお話をいたします。初めに，トヨタの原価企画の基本的思想ということで，お話をさせていただきます。その前に，二つほど写真を見ていただきます。まずご覧いただいているのが，IQですね。これ，私大好きなのですが，家内も娘もこれに乗っております。2008年の暮れにデビューしまして，去年の３月まで販売しました。全く売れませんでした。これは，ご覧いただいて分かるように，寸詰まりというか，全長が軽より短いですね。2,999mm。3mを切っています。小回りがすごく良くて，軽いから燃費も良くて，よく走っていい車だなと思うのですが，売れない。実は，販売する直前にもうたくさん賞をいただいてしまって，専門家の間では，期待されてデビューしたけれども，駄目でした。それで，これはもう売っていませんが，皆さんだったら幾らだったら買ってもいいかと思われるかということを，ちょっと投げかけておきたいと思います。買ってもいいと思ったか，過去形なので。

それからもう一つ。KIROBO miniです。一昨年の東京モーターショーで参考出品をしましたところ，非常にウケが良くて，「これ，いつ買えますか」という引き合いがたくさんありました。その当時はまだ，これを売り出すつもりはなかったので，「これ，売らないんですよ」って言いましたら，非常に残念がられて「売ってくださいよ」という声があったので，気を良くして売ることにしていると。実は，去年の12月に愛知県と東京都で先行販売をすると言いましたが間に合わず，今日現在では４月中にはと言っているようです。これは，何ができるかをきちんと言わねばなりませんね。動画がありますが，時間があまりないので，もし最後に余ったら少し見ていただきますが，何ができるかというと，これは歩くことはできません。おしゃべりするだけです。顔が動きます。目の周りが光ります。だんだん賢くなっていきます。これは自分の中にはAIを持っていません。クラウドで通信機能だけ持っています。ですから，基本的には無限に賢くなっていける。これを持っている人との会話がどんどん弾むようになってくる。そのうちに，KIROBO miniの方から声をかけてくれるようにもなると，こういうものです。さて，幾らだったら買っていただけますかと，こういう話ですね。

ここから本題です。トヨタの原価企画の基本的思想ということで，まず定義ですけれども，これはきっと，学会の定義よりも少しスケールダウンした定義になっておりますが，トヨタではこう考えています。顧客に受け入れられる販売価格で，利益を確保できる目標原価を設定し，サプライヤーを含む全ての関係者の協働によって，その目標原価の達成を図る活動であると，このように考えています。トヨタは，原価企画の基本式とも言えるような式を一つ持っておりまして，それがこ

れです。予定販売価格マイナス目標利益イコール目標原価。左側が条件といいますか，要件といいますか。右側が結論です。販価，販売価格はメーカーが勝手に決めるわけにはいかない。市場によって決まるわけですね。それから，目標利益，これは中期経営計画から決まってくるものです。そこがもう要件ですので，コストはその差に納めないといけない。これが，コストを作り込むということの基本的な考え方の原点です。

コストを作り込むとはどういうことかということですけれども。原価企画，原価を企画するということは，あるべきコストを見極めて，実現するというところまで含めて，企画だと思っています。コストは，英語で言うと，名詞は原価ですけれども，動詞のコストというのは，お金がかかるという意味ですよね。でもトヨタはコストというのは作り込むものだと考え，かかってしまうとは考えないとしています。

どうやってやるかというと，価値を保ちながら，コストを下げる。価値を下げてコストが下がるのでは，それでは意味がないというように考えます。価値を保ちながら，コストを下げることを「コストを作り込む」といっているわけです。

2　トヨタの原価企画の成立

この後しばらく，歴史的な話をします。トヨタの原価企画の成り立ちです。豊田佐吉の頃から書いていますが，1933年に豊田喜一郎が豊田自動織機製作所内に自動車部を設置したというのが始まりです。そして1937年に独立をします。この年，喜一郎が残したメモに，原価計算と今後の予想，というのがあります。赤いところだけを少し読みますが，「代理店渡し2,400円を以ってすれば，外国車に対して，決して競争上負けることなき確信云々」とあります。そして，「2,400円にて，利益の上がるよう尽力する」と書いてあります。（出典として）中日新聞社の名前を書かせていただいておりますが。これ，どういうことかといいますと，ライバルのフォード，シボレーが，どうも2,400円くらいの原価で作っているだろうということが予想できた。であれば，トヨタは，代理店に渡すときに，2,400円で渡せれば，もうコスト競争上，これで負けることがないわけです。それでトヨタが，利益が上がるように原価をそれ以内にすると。この後，品目別に，この品目は幾らにしなければいけないというようなことも考えていったということが，喜一郎のその1937年のところからあります。

実は学会の中では，トヨタが原価企画の最初なのかどうかという議論がありますね。トヨタはそうだと思っていますが，必ずしもそうではないというような議論もあると。この辺は少し割愛させていただきます。ただし，名称は，長谷川龍雄が最初に持ち込んだ，トヨタだろうといわれております。

3　トヨタの原価企画の発展

トヨタは長い間，差額原価企画方式というものをやってきました。トヨタに特有かもしれません。これは現行品をもとに，コストアップとダウン，変更するところだけを見積もって，あるいはそこで目標を付けて，次期モデルの目標を決めたり，見積もりを取ったりする。こういうやり方を長年やってきました。これが，2000年頃まで続きましたが，実はもう1990年代から，その限界が見え始めていました。それで，絶対値原価企画というものに移行していくわけです。何が起きてきたかというと，1980年代に現地調達を伴う海外生産が本格化をします。そして，1990年代には，海外生産車の原価企画も始まりました。となると，国内ではトヨタは，ある仕入れ先さんに，今のモデルの部品を作っていただくと，次のモデルでも，ほぼ自動的にその仕入れ先さんに作っていただくということが行われていたので，差額方式で良かったのですが，海外はコンペをして，毎回サプライヤーを変えていくということをします。そうしないと，フェアじゃないというようにいわれるわけですね。そうすると，設計の変わらない部分も，コストは変わってくるわけです。ですから，差額原価企画方式では成り立たなくなったということが一つ。それから，もう一つは競争が激化してきました。今までと設計が変わらない部分は，

今までの原価でいいと言っていると、競争上負けるので、もう全部を含めて、原価低減できるところはやっていこうと。そういう考えの下に、絶対値原価企画に移行したわけです。

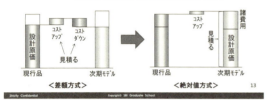

3. トヨタの原価企画の発展
(2) 絶対値原価企画
- 1980年代 現地調達を伴う海外生産が本格化
  1990年代 海外生産車の原価企画開始
- サプライヤはコンペで決定－差額では正しく見積れない
  競争の激化－現行踏襲分も原価低減の対象に
  配賦分（諸費用）も含めた全費目が対象に

ところが、逆に今度は、絶対値原価企画ならではの弊害も出てきました。二つほどありますが、そのうちの一つは、差額方式のときは、設計の変更分だけが、原価企画の対象でしたから、その責任は設計者にあるというのは、非常に明確でした。ところが、絶対値方式となると、変えないところも何とかコストを下げたい。そうすると、サプライヤーや調達の部門の人にも責任があると。それはそれで良いのですが、そうすると、上層部が考えたことは、設計が甘えるのではないかと。調達が安く買ってきてくれたら、設計は何もしなくてもいいのではないかというように、設計が思うのではないかと、トップの方が思ったということです。

それから、もう一つ。差額方式のときは、直課分だけを対象にしていました。これもまた設計者に責任があったわけですけれども、絶対値方式になって、配賦分も含めてコスト低減の対象にしようと言い出した途端に、今度は企画台数によって左右されると。先ほどソニーさんのお話の中で、計画は外れるものだと思っていなさいというお話が印象的でしたが、これですね。現行品と比べて設計原価が仮に上がってしまっても、台数がたくさん出ることになれば、1台当たりの諸費用は目減りします。これを計画の前提にして原価企画を進めると、一見目標は達成したかのように見えても、ふたを開けたら売れなかったということになると、一気に赤字になるという危険性があります。ですので、このやり方も良くないなという話になってきました。

4 現在のトヨタの原価企画体制

それで、現在のトヨタの原価企画体制という話になります。先ほどの話の流れで言いますと、まず、設計と調達の成果の切り分けをしようとしました。設計がどれだけ頑張ったのか、調達がどれだけ頑張ったのか、それをはっきり分けるように見せろというのが、トップの指示でした。ところが、もう長年、協働による原価企画活動が定着してきていましたので、どの分が調達で、どの部分が設計だ等ということは、スパッと分けられなくなっていきました。一例を挙げますと、デザインコンペといって、相見積もりみたいなものです。それを仕掛けるのは調達なのですが、いろいろ、A社、B社、サプライヤーさんから提案が出てきたときに、それの善し悪しや実現可能性を見極めるのは設計なわけですね。そうすると、両方が協力しないとコンペもできない。いろいろなことがもう皆、どちらかだけでできるものがないと言ってもいいくらいなわけです。それを、「責任を分けろ」と言われると困る。そこで強引に分けようとすると、関係がぎくしゃくしてしまってきたわけです。結果的に断念しました。2プロジェクトほど、私が直接関わったプロジェクトだったのですが、二つとも、やめたわけです。残念なのは、私も含めてトヨタの人間は皆不勉強で、その10年も前に欧州日産の事例を梶田さんという方が書いておられたのですね。それを私は後になってから知ったのです。全く同じようなことで、切り分けようとしても無理だと。そのようなことはもう時間の無駄だからやめなさいと書いてあるのに、同じ轍を踏んだということがありました。

もう一つ、配賦分の扱い。これは次のページでしっかりご説明をします。結論から言いますと、直課分だけを対象に目標設定することに、「戻しました」と言ってもいいですかね。この目標設定

だけは差額方式に変えたと言ってもいいと思います。

この図にありますように，仕切り価格からいきますと，仕切り価格から営業利益を除いた分が総原価というわけですが，総原価の中には，このように配賦分といいますか，諸費用がある。広告宣伝費や無償修理費等ですね。で，その線のところまでが粗利です。それに対する原価を粗利原価という名前でトヨタは呼ぶことにしました。粗利改善ガイドラインというのを2011年から作っておりまして，車両の原価企画目標は粗利原価を何％改善するという指標に変更しています。例えば粗利原価が100万円。粗利が25万円だったときに，粗利原価を5％，5万円改善するというのを目標にします。そうすると，粗利は30万円になる。これは粗利改善5％という言い方をしてしまうので，本当は粗利改善じゃなくて，粗利原価の改善なのですが，そこはちょっと混乱をしておりますが，そういう言い方をしております。

関係部署と役割についてです。これは少し簡単にいこうと思います。まず，原価企画の中心になるのは，設計です。原価企画というと，経理サイドの活動のように思われがちなのですが，そうではありません。少なくともトヨタではR&Dの活動です。技術部の活動です。中心になっているのは設計者で，その設計が報告する相手が，チーフエンジニア。重量級プロダクトマネージャーともいわれています。トヨタではこれをチーフエンジニアと言っております。少し戻ります。チーフエ

ンジニアは設計の上司ではありません。全く別の組織です。設計の上司はあくまで設計者です。それから技術部の外では一番活躍するのは調達です。これはサプライヤーの選定をしたり，値決めをしたりする部署です。それから，これが分かりにくいのですが，実は原価企画の車両担当という人がいます。1プロジェクトに1人ずついます。私も退職直前この部署にいたわけですけれども，これを車担というのですが，原価企画の旗振り役。チーフエンジニアに代わって原価企画を牽引する役割の人がいます。それから経理。目標利益，目標原価を決定する等の役割を持っています。その他にも，いろいろな部署が原価企画に関わるのですが，経理までの5部署が中心になって，原価企画をやっていくということです。

そして，組織の話を少しいたします。3次元組織という題を掲げておりますが，これはトヨタに特殊なのかなと思います。もともとトヨタの開発体制というのは，車両軸，これはチーフエンジニアが持つ車種軸，車両軸，どちらも言いますが，それから機能軸，職域，特に設計の領域では，部品軸と言っておりますが，この両者のマトリックス組織であると。これはいろいろな方に知られているところであります。ところが，実はもう一つあります。委員会活動というのがここ十数年活発になってきておりまして，この軸を加えて3次元と見るのが一番正しいのではないのかということで，実はこれは社内教育資料にもこういう形で書いているわけです。

4．現在のトヨタの原価企画体制

(4) 3次元組織

2) 委員会活動と3次元組織
- 委員会活動(RR-CI，全社VA，部品標準化)：役員が委員長，数年続くことが多い
- 委員会活動を加えて3次元の組織になっている

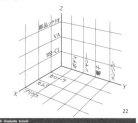

委員会活動というのは，また後で詳しくご説明しますが，このような3次元の形ではややこし過ぎて，どういう活動が行われているのかということになりますけれども，現実の活動はそれぞれの断面を切って表れてくる。例えば，車両軸の活動というのは，このようにYZ断面，例えばカローラという断面を取ると，カローラはこんなような活動をしていますよ，というのが表れてきます。ボディー，シャシー，電子，エンジン等の設計領域が，部品シナリオとかRR-CIとかという委員会活動をしながら，原価企画を達成させていくと。同じように部品軸活動は，各車種が各委員会活動をしながら部品軸目標を達成させていく。委員会活動は，各部署が各車両に対する原価を達成して，委員会活動を盛り上げていくというような関係で，活動が行われています。

5　現在のトヨタの原価企画活動

その委員会活動について，少しご説明を加えます。車種別の委員会活動というのは，結構古くからやっておりました。ところが，全社の活動になったのが，2000年頃からの，CCC21委員会という活動です。これは，21世紀における世界ナンバーワンの競争力を持った車を目指す活動でした。設計，生技，調達，仕入れ先で，四位一体という言い方をしまして，活動をしました。その後VI委員会や緊急VA，全社VA等を経まして，このVAは今もやっています。今，最も原価に関する委員会活動で盛んに行われているのは，このRR-CI委員会という活動です。RRというのは良品廉価です。日本語ですね。そしてコストイノベーションということでRR-CIといいますが，これは仕入れ先と一体となって世界最安値を目指すという意味では，CCC21に共通しております。ただ，昔の委員会活動が，最初の先頭車種でアイデアが出ると，もうそれっきりで，2番手以降の車種にはそのまま適用できないようなことが多々ありました。それを反省しまして，どの車種にこのアイデアは展開できるのかということを最初から見極めて，どの車種にも十分な原価低減ネタを生み出していこうという活動でやっております。

それから，原価企画の一つの特徴である，細分割付についてご説明をします。我々，原価に関わる人間は，もともと目標を設定するに当たって，低め一杯のストライクという言い方をよくしてきました。これは，甘い目標を投げれば，簡単に達成できてしまいます。低過ぎると，低めに外れ過ぎると，もう見送られてしまうということですね。ギリギリ食らいついていこうと思ってもらえるくらいのところに目標を投げるというのがこの考え方です。

5. 現在のトヨタの原価企画活動

(1) 目標原価の設定－1. 細分割付

1)「低め一杯のストライク」
設計者の頑張りを引き出すために，目標設定は大変重要
甘ければ簡単に達成，低過ぎれば見送られる

2) 費目別，部品別の細分割付（復習）

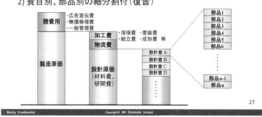

部品別目標をどうやって決めていくかということの図解ですけれども，全体の目標の中に設計原価というものがあります。設計原価の中には，いろんな設計室の目標が作られていくわけです。そして，その設計室の目標の中に部品別の目標があると。その部品別目標がこういう順番で来ると，どれもこれも皆厳しくなり過ぎて，とても達成できそうもないという悲鳴が聞こえてくることが常です。どうしてそういうことになるか。どうしてそういうことになるかというと，実は，どんな車種にも新技術というものが幾らか入っています。多かれ，少なかれ。それは，最初にコストがかかります。コストがかかるだけもらっていては売れませんので，そこは広く浅く，他の部品も含めてカバーすると。ですので，理詰めで決めた相場感よりは，より厳しい部品別目標をどの部品も背負わなければいけないということになります。

一方で，理詰めで目標を決めるということも，実は行われています。どんなことをしているかと

いうことをご説明します。

5. 現在のトヨタの原価企画活動

(2) 目標原価の設定－2. CCグラフ
1) CCグラフの作り方
- 横軸：CVI (Customer Value Index, 顧客価値指数)、縦軸：コスト
- どの部品にもCVIを定義することを目指す
  → 部品ごとにCCグラフを作成
- 手順：
  グラフ上に各車種の実績の値を打点
  →各点と原点を結ぶ直線のうち傾きが最小の線が目標線
  →次期開発車のCVIを算出し目標線上のコストを読む
  ＝次期プロジェクトの目標原価

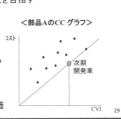

「CCグラフ」といいまして，これは横軸にCVI，カスタマーバリューインデックス，顧客価値指数といっておりますがこれを置いて，縦軸にコストを取ります。どの部品にもCVIを定義することを目指します。これはどういうことかといいますと，見えている部品，触れる部品は，お客さまにとっての価値って分かりやすいですね。塗装が滑らかであるとか，触感がいいということは分かりやすいのですが，見えない部品にも何らか必ず，お客さまにとっての価値に結び付くものがあると信じて，それを見いだそうとしています。例えば，インパネの奥にインパネリインフォースメントというパイプ状の部品があります。これは，お客さまは全く意識することがありませんが，何に効いているかというと，ハンドルを持ったときに振動を抑制する役割で，そのリインフォースメントというのを入れています。となると，お客さまにとっての価値はステアリング振動だろうということで，インパネリインフォースメントという部品のCVIは共振周波数を求める式になります。というように，どんな部品にもCVIを設定してグラフ上に各車種の実績の値を打点していくわけです。そうすると，原点とその点を結ぶ線がたくさんできますけれども，その中で一番傾きの小さい線を目標線とします。この点が一番傾きを小さくする点ですので，この線が目標線になるわけです。それで，次期開発車のCVI，今度の車のこの部品はどれだけのCVIの値を取るべきだろう

ということを決めて，それをその上に持っていけば，この橙色で示した点が次期開発車のコスト目標の高さになると，このように決まります。このように決めていっても，これはリーズナブルに決めているものなので，先ほどの新技術を広く浅く分担することによって，より厳しくなるというところからは抜けられない話です。従来は，設計室が，「これじゃできません」というと，チーフエンジニアが説得をしました。「無理だ」って言っても，「そこを何とか頑張れ」と，こう言うわけですね。それで，チーフエンジニアが言うことなので，泣く泣く承知をする。でもそれが設計者の疲弊を生みますし，結果，やはり達成できなかった，などということも起きます。

それで近年，それを調整するといいますか，仲裁よりも調整の方が近いですね。RR-CI委員会がこの理詰めで作った目標で，これ以上，厳密に言うと，これにさらにもう少し頑張れる部分というのを，また別のロジックで持ってきて，少しこの傾きを下げるようなことまでも含めて，どう考えてもここまでしかできないというところを，原価ポテンシャルという名前を付けて，「原ポテ」などと言っていますが，これ以上はできないというところを委員会が出します。そうすると，チーフエンジニアも設計者も，それから利益を見ている経理部門も含めて，皆が納得して，それならばこれで頑張るしかないなということになって，調整ができると。このようなことを持ち込みました。

VE活動。目標にミートするように原価を下げていく活動ですね。バリューエンジニアリングですけれども，これも先ほど少しあったように，価値を下げながらコストを下げたのでは意味がない。VEの考え方は，「バリュー」イコール「ファンクション」割る「コスト」ですから，機能を保ちながら，コストを下げることがいいと。機能を高めながらコストを下げることができれば一番いいのですが，それは現実的ではありません。それから，この目標線上にいる以上は，どこまで価値を上げていってもいいように見えますけれども，これはクリステンセンのイノベーションのジレンマにもありますように，そんなに高くなってしま

うと，もうそのような機能は要らない，ほどほどでいいということになります。ですから，どんどん右の方に行くっていうのも危険だと。そこはおのずから適正なレベルがあるわけです。

6　原価企画の逆機能

原価企画のいいことをお話ししてきたのですが逆機能があります。これも論文等でいろいろ指摘をされているところですけれども，一つはイノベーションを阻害するのではないかという言い方があります。というのは，CVI，先ほどの理詰めに一見見えるCVIも，新技術の評価は苦手です。今までのデータをもとにして作るものですから。そのCVIで今定義できていない部分は，どれくらいお金をかけていいかが出てこない。お金が出てこないということは，ではタダでやるのかということになってしまいます。ですから，CVIを使う原価企画のやり方では，この新技術を評価することはできないというところが課題の一つ。

それからこれは多くの人にいわれている，担当者の疲弊を招くということがあります。設計者とか，サプライヤーとか，本当にそれこそ数字の話をあまりしないというお話もありましたけれども，数字で縛られると，やらねばならないということになるわけですね。もうよく見えるので，幾ら未達だというのは，すぐ出るわけですよ。いつまでも達成するまで責められる。これで，設計者もサプライヤーも皆疲弊してしまう。そこで出てきたのが先ほどのCCグラフなどで，理詰めで

これ以上はできませんというところを見極めて，委員会活動でそれを皆で全社で納得をして，「成立性検証」を行ってやっていくと。こういうことが一つの対策になっています。

7　まとめに代えて

さて，IQ。これがなぜ失敗したかということですけれども，端的に言えば，高いのです。トヨタはやはりとことん安い車を作るのが，苦手ですね。インドのタタ・モーターズが，日本円で，20～30万円の車を作ったというのを見てすぐに買って調べたのですが，同じようなことができないのです。それに対抗する車も実際出しましたが，あまり安く作れなかった。一つには，トヨタスタンダードという品質基準や性能の基準があって，それはもう少し破ってもいいのではないかという声もありましたが，やりきれない。これもそうですね。これだけ小さいと，お客さまのそれこそCVIで言うと，車の値段の相場というのは，大きさで決まってしまうところもあるわけですね，ある意味。こんなに小さいのだから，軽より短いのなら，せいぜい軽並くらいでは買えるだろうと思われるわけです。今，これはエントリーモデルの値段を書いていますが，このような何も付いていない車は普通お買いにならないので，すぐ160万，170万になってしまいます。そうすると，売れませんね。やはりこれは価格設定の間違い。あるいは，原価企画がきちんとできなかった。やった人間を直接知っていますので，あまり悪くは言いたくありませんが，失敗でしょう。

（KIROBO miniの）動画を見る時間ありますか。見えませんね。失礼しました。残念。先ほど私が少し言ったようなことです。この子はだんだん賢くなっていって，そのうち，沈んでいると，何か悲しいことでもあったの？　と聞いてくれるなど，そういう子になっていく。それで，まだきっと開発がきちんと間に合ってなかったのですが，実は私去年の今頃，試作品と会話したことがあります。そのときに，「キーロボ」って呼びかけたら，いきなり，「どこのラーメン屋さんがおいしかった？」などと言うのです。なぜラーメン屋なのだ

と,「KIROBO, ラーメン好きなの？」と聞いたらそれきり黙ってしまうなど, まだ全然駄目だったのですが, 開発担当者に「なぜ今さっき, ラーメン屋さんのこと言ったのですか」と言ったら,「なぜラーメン屋さんのことを言ったかは分かりませんが, 食べる物については, ラーメンしか入力していませんでした」などと言っていました。だんだん賢くなっていくというところがかわいいというように思います。これ実は, 一昨年の東京モーターショーで参考出品したときに, 皆さんに, これ幾らだったら買いますかと聞いたら, 3万円台までは相当に買う, 私は買うと言ってくれた方が多かったのですが, 4万円以上という値を付けた人が急に少なくなったのです。だからもうトヨタはこれを3万9,800円で出すと思いますと去年の今頃言っていました。実際のホームページを見たら, 3万9,800円の予定と書いてありましたね。そのとおりになるようです。

　ということで, 私が言いたかったのは, これが原価企画の肝です。幾らで作らないといけないか。それを達成するためにはどうするか。それを考えて実現するのが原価企画であると。ここだけ言えれば私は取りあえずいいかなと思っております。ご清聴ありがとうございました。

質疑応答

星野（司会）　まずJALについてご講演いただいた米澤様に対して質問したいと思います。日本航空の企業破綻から現在の企業再生につながった, 最も大きな要因は何だったのでしょうか, ということですね。まずお答えいただけますでしょうか。

米澤　いろいろ聴いていただきまして, ありがとうございました。今のご質問, 最も再生したポイントは何だということでございますが, 先ほどもご説明をさせていただきましたけれども, やはり社員の意識の変わり方, これは最大のポイントだと思います。もちろんかなりレベルが低い状態から改革をしたということにはなりますが, かなりのスピードを持ってできたということが, 最大のポイントだと思います。冒頭申し上げられませんでしたが, 過去経営破綻して会社更生法を適用できて再生にトライした会社が, 約140社あります。その中で実際に二次破綻をせずに再生できた会社というのは10社しかありません。これは7％です。ただその中でも, 実は会社更生法を適用して再上場できた会社も何社かいらっしゃいますが, それでも最短で7年弱かかっています。弊社は2010年に破綻をした後, 2012年に再上場を果たしておりますので, 約2年強で再生をしている。再上場が, もし再生ということと捉えさせていただければ, 2年半で再上場したことは, まさにこれは要因とともにそのスピード感であったと思っております。

星野（司会）　どうもありがとうございました。講演の中にもありましたように, アメーバ経営を導入して, 企業再生の成功に導いたというお話があったと思いますが。アメーバ経営がその企業再生に果たした役割ですね。その点について, 簡単に触れていただけますでしょうか。

米澤　やはりアメーバの最大のポイントは, まず集まりを小さくすること。これがまず最大のポイントとなります。先ほど私は5人から15人と申し上げましたけれども, これはもし導入されている企業があれば, その単位はそれぞれだと思います。ただアメーバの単位は小さければ小さいほど良いと思います。本来であればアメーバは小さくなったり, ひっついて大きくなったり, また分裂して小さくなったりっていうことがあると聞いていますが, 我々はまだ大きな単位から小さな単位になっていくと, そういう過程だと思っております。ただ, アメーバ自身の中に収入と費用と利益, 言い換えれば, 最大収入を求める, それから最小コストを求める, 最大利益を求める, この意識を最小単位の中できちんと作って, それがきちんと有益に結び付きながら, 一つの企業体となしているというところが, ポイントだと私は思っております。

上埜　甲南大学の上埜です。山口さんにお聞きしたいのですが，ソニーさんハワード・ストリンガー社長ですね，彼の時代はすごく業績も苦しかったと思います。僕が聞きたいのは，山口さんのポイントは管理の方ですね。現実におきましてソニーさんの収益構造を考えたときに，ファイナンスの部門が稼ぎ頭とか，あともう一つはやはりPlayStationなどの，ああいうエンタテインメントディバイス，エンタテインメントなどもかなり変動の大きいヴァートゥイートの高いビジネスですね，そういうものに依存してらっしゃるから，収益構造がすごく増えているわけですね。ここ1，2年はバラ色の絵が描ける状態になってきたと思います。

それで僕の聞きたいのは，例えばストラテジーとか外部環境とか，選択と集中いう言葉がよくありますが，結局，外部環境がどう変わってきたかと。それともう一つ，やはりどういうストラテジーを取ったかということのインパクトの方が，僕の研究している管理会計，マネジメントのインパクトと比較して圧倒的に大きいのではないかなと思います。

それは同じように米澤さんの，例えば京セラの稲盛さんのアメーバ経営導入ということがありますが，全日空さんの状況はどうかと考えた場合，今までのかなりファットなそういう組織ストラクチャーだったのが，かなりスリム化して固定費をダウンしたという部分は確かにあると思いますが，環境が大きく変わったと。特に米澤さんの下では，不採算な路線はかなり多分閉鎖していかれたと。その部分が大きいのです。

それで，聞きたいことはマネジメントアカウンティングとか，マネジメントのそういう，もちろんそういうのは不可欠ですけれども，そういうものの役割と，むしろもっと大きな部分ですね，外部環境がどう変わったとか，ストラテジーがどう変わったとか，そのような点についてどのように実際お考え，トップに近いお二人の方はどのように考えていらっしゃるのかということを教えていただきたいのです。

米澤　航空業界というのは，まずあまり一般的な業界ではないので，まず外部環境というのと，ストラテジーについて二つご説明させていただきます。まず外部環境。我々は破綻して前中期計画，2012年から先月終わった2016年度の5年間の中の外部環境というものは，まず我々は，破綻以前からの規模からすると国際線を30％減，それから国内線を40％減。まず大きく身を縮めたことが，破綻前後の大きな環境の違いです。ただ一方で，航空業界というものは，中国であったりインドも含めての人口増であったり，それからやはり東南アジアの新興国の立ち上がりみたいなものからして，航空需要っていうのは飛躍的に伸びた5年間でありました。それからもう一つは，LCCといわれているローコストキャリアが，当然ご存じのとおりアメリカで生まれヨーロッパに渡り台頭がなされた時代でありました。その中で，我々は供給を減らして闘っていくという戦略を立てました。その中では，やはり最も注力をしたのは利用率，ロードファクターを上げる，飛行機の中にお客さまをたくさん乗っていただくことを徹底的に突き詰めていくことが，国際の私の戦略でした。今，昨年1年間の全世界の航空会社の国際線の利用率，1年間の平均利用率が79％です。それに対して弊社の利用率が86％。ですから他社に比べて7ポイント利用率が高い。実は，航空会社の理論からすると，単価を下げれば利用率は上がる。単価を上げれば利用率が下がると。これは常識，これは多分他の業界でも常識ですが。我々は利用率を上げながら単価を上げるという結構むちゃなものにトライをしました。単価を上げれば利用率が下がるという，これは両天秤なのですが，実はその天秤の支点を上げる。真ん中の部分を上げていく。少し抽象的なイメージを持たれるかもしれませんが，両者を両方とも求めていきました。これがなぜできたかというと，先ほど申し上げましたが，席を減らしていった。その中で商品の質を上げていった。この商品の質っていうのは，先ほど私が冒頭申し上げたように，社員の意識が変わることによって良い商品がきた。だから良いサービスができる。良いサービスをしたいと。こうい

う社員の意識と，それから我々経営側の，座席数を減らしていってその中で，ロードファクター，利用率を上げていくと。この二つが相重なって，利用率と単価を上げていってその掛け算である最大収入を求めていったと。これは，一つの大きなポイントだと思います。

　一方で，競合他社さんは，その中で供給を毎年20％ずつぐらい上げて，5年間でほぼ倍とは言いませんが，1.5，1.6倍ぐらいの供給シェアを，供給を重ねられていった。これは相当対極にあったと思います。ただ我々にとっては再建の5年間でしたので，航空業界にくるイベントリスクといわれている，例えばインフルエンザであったり，テロであったり，そういうもので一時的に大きく需要が落ち込むことが予測される中では，我々は供給を拡大するという選択肢を取り得なかった。やはり再建をしていくためには，確実に利益を上げていくという選択肢の中では，供給を絞りなら単価を上げていくと，こういう手法でやっていったという状況でございます。

　次の今年の4月1日から2020年までの次の4年間の我々の中期計画は，ある程度供給を増やしつつ，単価をキープしながら供給を増やして収入を最大化していく。これはおそらく次の中期計画の最大のポイントになるのではないかなと思っております。

上埜　上埜です。山口さんのお話に関しての質問です。結局，米澤さんのケースも一緒ですが，結局収益というか米澤さんのケースでしたら搭乗率が結局関係してくるわけですね。ですからその収益というのは販売本部とか，先ほどの図ではあるわけですよね。その辺はタッチできない部分かどうかっていうことですね。すなわち，米澤さんのポジションからいって，収益に対する対処というのは，他方にまた責任者がいますから制約されると思います。ところが，実際の利益とか，営業利益のレベルでもいいですが，結局はそれによってやっぱり売り上げがあって全てというように，どういうビジネスモデルでも必ずそうだと思います。ですからそのあたりをどう考えるのかという

ことですね。山口さんの場合も，管理ですね。管理で例えば自分のノードというかミッションというかが制約されていると思います。その収益，日々数字をチェックするのは分かりますが，その先ですよね。結局売り上げが立たないと，やっぱり企業の利益は上がってこないわけですね。ですから，その辺の役割分担というのはおかしいですが，相互にどのようにオーバーラップしながら，協力し合って，そこを対応していらっしゃるのかという，同じことですね，米澤さんのケースにおきましても。どのように考えたらいいでしょうか。

米澤　弊社で先ほどご指摘いただきました，誰が責任を持つのかというのは，まさに私の本部で収入とそれから利益のこの責任を負います。収支の案，コストの責任は後ほどお話ししますが，実は私の本部で全部の責任を負っています。これはどういうことかと申し上げますと，まさに今，ソニーさんがおっしゃった売値。これは航空会社の売値はほとんど，例えば旅行会社さん経由ではなく，直販と言われているウェブの世界で売られます。ここは当然対抗者，例えば全日空さんであったり，ユナイテッドさんであったりというところと，価格を整合しながらやっているのが現状です。これは価格というのはほぼ1時間単位で変えていく。これくらい今は細かい作業をしています。それは価格をリサーチする部隊とプライシングを決めるプライサーという部隊がいて，そこがしっかり価格を見ながら当てにいっているのがまず現状です。その価格を当てた中で，幾らで何席卸すのか。これレベニューマネジメントといいますが，そのレベニューマネジメントの部隊も私の下におります。ですから幾らでいくつ売るのか，それをリアルタイムに売っていくというのが，全て私の機能にあります。それで利益が上がるのか，そうではなくて実は利益を上げるためには収入を上げるか，コストを下げるか，実はそのコストを下げる会議というのが毎月1度，業績報告会という会議があります。この業績報告会は社長以下，全役員と主要関連会社の社長が集まって，本社それから重要ポストの部長が全員集まって朝9時から夕方

6時まで2日間の会議を毎月やっています。これは先ほど申し上げた，採算表をもとに各部門が自分たちの今の部署の業績を報告する会です。ただそれで一番大事なのは，我々本部の今の収入の状況がどうだということを報告します。そうするとこれ三つに分かれていて，今月と来月の予定と再来月の見通しを入れます。そうすると，来月もしかしたら利益がもともとのプランどおりいかないぞってなった瞬間，収入がいかない。そうするとコストでやるという話になります。コスト，これは月内にはできませんが，コストをやるとなると，各部門が今持っている自分たちの費用の全額よりも下げる，幾ら下げるという意志を持った部門内の新目標というものを全員がそれを持って。実は収入がいかなければ，コストをここは下げていって，結局最終的な利益を生み出していくと。こういうふうな回りになっているというのが現実です。

大西　早稲田大学，大学院生の大西です。米澤さんに質問ですけれども，アメーバの最少人数は5人から15人という話を伺いましたが，では，最大あるいは平均の人数というのは，何人くらいになるのでしょうか。

米澤　先ほど申し上げましたように，我々は本部ごとにアメーバがあり，横断的なアメーバはまだありません。ですから客室本部，運航本部，整備本部というような形でアメーバを形成しています。どこの部門もおそらく大体最小は5人から15人くらいだと思います。ただ，アメーバの単位をどう見るかですね。例えば客室本部は，そのアメーバではなくて，1フライトで飛んでいる客室乗務員のチームが一つだとすれば，それは20であったり25であったりもしますし，整備本部も同様に，一つのシフトで動いているチームがあります。そこをもし最小単位でやるのであれば，例えば40人，50人という単位があってもおかしくはないと思います。重要なことは自分たちがやっている範囲が全部見えること，これが結構大事であまり大きくなり過ぎて自分たちがやっていないことがその中に入ってくると，腹落ちがしません。やはりやっていることが全部腹に落ちる。その見える範囲が全部分かることが，最小単位であるべきだと思います。

　加えて，本来であればついたり離れたりして大きくなっていくことは理想かもしれませんが，私の感覚的にはできるだけアメーバは小さいほうが良いのではないかと思います。

大西　では，追加で質問です。そのアメーバの成績は，例えば公表したり，あるいはボーナスの査定に響いたり等はしているのでしょうか。

米澤　二つ，公表と査定という形ですが，まず先ほど申し上げましたように，業績報告会では，その小さなアメーバの総合体である本部の業績報告会用のシートがあります。それによってまず，本部に一番大きな目標があって。その目標をブレークダウンして，各アメーバに目標がありますので，その集合体である各本部の部門別採算表が最終的な大きなものになります。ここで業績報告会によって，各本部が月次でひと月単位，先ほど申し上げたとおり3カ月分報告することによって，まず全員の共通認識化が行われます。

　それから今度逆に，考課査定という意味に関しては，各個人が自分のMBOを持っています。そのMBOに対して，半期もしくは1年によって，各個人のMBOの達成度合いによって，その考課されていくということになっています。

堀井　京都大学経済学部4回生の堀井です。日本航空の米澤さんに聞きたいことがあります。講演の中でアメーバ経営をうまくいかせるためには，リーダーを育てることが必要で，そのためにはフィロソフィーの浸透が必要とおっしゃっていて，先ほどこのパネルディスカッションの冒頭では，2年間という短期間の再建にはスピード感が最大のポイントだともおっしゃっておられたと思います。その中で，リーダーにその短期間でフィロソフィーというものを浸透させることができた要因というもの，その秘訣というものを教えていただきたいなと思います。

米澤　結論から先申し上げると、二つありまして、一つは教育です。それから一つは、その結果が出ること、結果が出てやはり良かったなと思うことです。

まず教育ですけれども、我々破綻前は普通の教育、多分一般的な会社の教育。例えば入社教育であったり、管理職の教育であったり、そういった教育。もしくは途中で1回経理教育が入るとか何とかといった教育体系でしたが、破綻後、フィロソフィーを入れたときには、ものすごい量の教育を入れています。このフィロソフィーだけを学ぶための教育を入れています。全社員、今ちょうどここ5年間ぐらいで、1人当たりおそらく25回を超えるようなフィロソフィー教育、1回当たり2時間を超えるような教育。これは一般社員の教育です。これに加えて管理職は、それにプラスして1年に何回か教育が入っています。それからさらにプラスして我々経営陣は、毎月夕方5時から8時半ぐらいまで2時間半くらい毎月毎月、経営と部長クラスに教育を入れているということで、おそらく、他社さんに類を見ないくらい教育を行っています。フィロソフィーというのは40項目ありますが、その一つ一つを紐解きながら一つ一つのフィロソフィーの意義は何か、それを稲盛名誉顧問が作ったときの意味はこれで、我々が変えてはいけませんがそれを咀嚼すると我々の仕事にはどう生かされるかという教育をしっかりやっていくこと、これが第一だと思います。

その教育をベースに部門別採算。アメーバ経営は部門別採算とフィロソフィーが、自動車の両輪となっています。その中で部門別採算をやっていく。そうするとやったことがきちんと数字となって、プラスになって利益になって返ってくる。やはりそこの喜びと、それから冒頭申し上げた、経営への参加意識みたいなものが加速的に相まって、やはりスピード感を加速的に増していった。このようなイメージです。

櫻井　専修大学の櫻井です。小林さんと米澤さんにご質問させていただいて、お教えいただきたいのですが。トヨタは、日本のいってみれば宝と思います。かつて小さい頃は、トヨタって会社は「乾いた雑巾を絞る」ということを言われていたのですが、やはり企業というのはそういうところも非常に重要であると、最近では思っております。と同時に、トヨタ、例えば、原価企画、私自身それなりに勉強してきたつもりですが、今日は随分、それよりもはるかに進んでいることに驚きました。つまりトヨタというのは常に努力して進化しているという、これを今日まざまざと見せられたということと、しかし進化はしていてもトヨタの考え方というのは、常にお客を大事にするということが非常に根底にあるように強く感じました。両方が大切なのかと強く感じました。大変、ありがとうございました。そういう考え方、いいのかどうなのか分かりませんが。

米澤さんについてですが、見事にJAL回復して、素晴らしいと思います。それはこれも大変素晴らしいし、その考え方が素晴らしいだけじゃなくてやはりトヨタもそうですが、JALも優秀な社員がいるという、こういうところがやはりその原動力になっているのかなと感じます。前に米澤さんに言ったように覚えているのですが、少し皮肉、私にしては非常に嫌なことを言ったことがあります。要するにアメーバ経営というのは、結局はものすごくコストカットにはなるけれど、なかなか働いている人からすると、非常に息が抜けない可能性があると。自分がそこへ行ったら本当にあまり行きたくないなというようなことを申し上げたことがあります。今日の話を聞いて、そういうこともやはり非常に苦境のときは必要であろうということを強く感じました。また、業績も非常に良くなりました。ただ、非常に業績が悪くて潰れるというような状況においてそれは必要だが、今後そのままでいいのだろうか。もっと別の方式がありはしないのだろうか。これを聞かせていただきたいのですが。なぜかといいますと、去年10月ワシントンDCのペンタゴンに行ったときに、僕はJALが大好きで本当にJAL以外乗ったことありませんが、そのときはどうもあまりいい感じがしなかったのです。なぜというと、一つは行きの機内食が以前に比べると非常に落ちまし

た。また，行き帰り両方とも感じたのは少しサービスが落ちているかなと感じました。私は帰ってきていろいろアンケートを書いたことはないですが，初めて帰って来てから書きまして。JALのアテンダントに聞いたのですが，「人数が少なくなってしまって，サービスができなくて申し訳ありません」ということで。帰りの飛行機，ニューヨークから，あそこ直通がなくなったので，ニューヨークから乗ったときに。周りを見て，先ほど言ったようにエコノミーは一杯でしたが，一方でビジネスの方は30席くらいあって，実際乗っているのは5席くらいしかなかったのを見て，これが現実かなというように思いまして。今後は，もう少しビジネスの方もサービスを良くして，つまり管理会計というのはコストをカットすればいいということが時には必要だけれど，しかしやはり一番重要なのは，従業員であるしお客さまではないだろうか。ここまで回復したら，そこをぜひとも考えてほしいと思いますが，少し言いにくいことを申し上げてすみません。

米澤　サービスと機内食の低下は大変申し訳ございません。おそらくその責任は私にあるのではないかと思います。今，ご指摘いただいたことは，大変ごもっともで，コストカットをしていくのは大変難しい。我々のコストカット，トヨタさんを前にして言うのは，大変はばかられますけれども，コストカットというものはやはり終わりがないと思っております。ただ，コストカットをして営業利益を上げ続ければいいのかというものについては，我々も今岐路にあると思っております。実は，2015年度に対して2016年度は営業利益額が減ります。これは稼ぎ出す力が減ったわけではありません。間もなく決算発表前なので，少し難しい微妙な発言になりますけれども，実はその中の利益に対して二つ大きな投資をしています。

　一つは，まさにお客さまの目の前に出ていくための機材，もしくはシート，それから機内食。これにしっかり投資をしていこう。過去4, 5年間，少しずつもしかしたら下がっていっているのかもしれないということを，もう一度中期計画が終わった時点で見直しをして，それに対してはしっかりと投資をすることを決めています。

　もう一つは，まさに社員への，簡単に言うと給料を少し上げていくという投資をしています。我々はこれを人財，財は財産の財で，人財への投資と言っていますが，実は航空産業は大変厳しい労働集約的産業です。羽田空港に勤務をするチェックインをする女性たちは，夜中2時45分発の便などあります。朝6時出発の便などもあります。到着5時の飛行機があります。そうするとほぼ24時間，夕方6時に出社をして，夜中3時に退社をする。こんな勤務もあります。実は，破綻と同時に大幅に賃金をカットした現実がありまして，そこをもとにやはりV字回復であったという事実はこれを否めません。よって，今我々がしていることは，少々営業利益を削ってでも人財に対するものをきちんとしていく。先ほどお話をした教育と合わせて，やはり物心両面の幸福を追求することが我々の社是でございますので，やはり社員に対して物と心をきちんと充実をさせていくことにしっかり投資をしていく。それはひいては良いサービスにつながって，お客さまの満足が上がって，お客さまがまたさらにもう一度日本航空の席を買っていただいてという再生産につながっていく，そのバリューチェーンをつなげていくことが，最大のポイントだと思っておりますので。今のようなご指摘は一番ありがたく，このような事例をもとにきちんと社内にフィードバックをして，我々のもう一度見定めるべき先，カンテラは何だということを，確実に社員が見ていけるような次期中期計画をしっかり作りたいと思います。アドバイス，どうもありがとうございます。

講演録2　管理会計研究の最新動向
　　　――助成研究者による成果報告――

報告1

業績指標と日本的な関係性

藤野雅史氏（日本大学　准教授）

小林　本日，司会を務めさせていただく早稲田大学の小林でございます。本日はメルコ学術振興財団による助成研究者による成果報告にご参集いただきまして，どうもありがとうございます。

　簡単にスケジュールについて述べますと，報告，質疑応答で35分です。内訳は，報告に25分，質疑応答に10分で，一つの報告が終わった後で10分間の休憩をはさむというスケジュールでいきたいと思います。

　それでは時間になりますので，藤野先生，『業績指標と日本的な関係性』について，ご報告よろしくお願いいたします。

藤野　今日は業績指標と日本的な関係性ということで報告させていただきます。このプロジェクトは，拓殖大学の李先生と，京都大学の澤邉先生と共同で進めているプロジェクトです。メルコ学術振興財団さんからは，数年前に李先生との共同研究で助成をいただいたものになります。その成果の一部は既に去年，『メルコ管理会計研究』に掲載させていただくことができました。そこからさらに理論的に精緻化して，国際的にも発信していけるような研究にするために進めているところです。それを代表して私が報告させていただくということになります。

　研究目的ですが，業績指標が分解されて組織単位に下ろしてくるときに，組織単位間は，頻繁に相互作用をやっておりますので，そういう相互作用の影響が，分解された業績指標には反映されないという問題が古くから指摘されております。これは，どんなところにもよく見られる問題なんですが，それに対してバランスト・スコアカードのような統合的な業績測定システムを作ったり，も

う少し包括的なアカウンタビリティ，会計責任を課すような業績指標にしたりという解決策はこれまでにも論じられてきているところです。しかし，分解されていることそのものは，実は問題ではないんではないだろうかと考えております。というのは，特に日本のようなコンテクストを考えると，集団主義的な行動をしばしば取るということがよく言われています。ということは，頻繁に集団の中でこういう情報共有が進んでいるということが考えられますので，別に業績指標を気にせずに，協力的に行動することができるようには見えるわけです。そうであれば，何も業績指標が分解されてるっていうことを取り上げて問題にすることはないんじゃないか，ということなんです。ただここで，もうちょっとその集団主義っていうことをよく考えてみようというのが今回の研究の目的の一つになっております。集団主義というのは，会計学の中でも研究がありますけれども，心理学や社会学の中で非常に研究の蓄積が多くなっており，そういう研究を見ていると，日本人はよく集団主義だと言われるんですけれども，誰でも心の性質として集団主義的な性質を持っているわけではなくて，つまり誰でもがそういう集団に奉仕するだとか，無償で奉仕をしていくとかっていうことを，日本人なら誰でも考えるっていうわけではないと言われております。それは心の性質ではなくて，実はそういう社会メカニズムに支えられているのが，集団主義的なものなんだということが言われています。そうであるとすると，その集団主義を支えている社会メカニズムっていうところに注目して，その業績指標の問題を見ていったらいいんじゃないかということで焦点を当てるのが，この研究の目的になります。

　そのときの社会メカニズムとして，ここでは，この後もう少し詳しく説明しますが，互酬的な交換の関係というのを見ていきたいと思います。互酬的とはつまり，こちらが何かをしてあげると，相手からも何かしてくれることを期待しているということです。あるいは，何かしてくれることを期待して，こちらが先に何かをしてあげる，とかですね。こういった互酬的な交換が見られるって

いうのが集団主義の一つの特徴というふうにも言えるのですが、そういう中で、先ほどの分解された業績指標があると、どういう問題が起きてくるかということです。

さっき申し上げたように、集団主義では、すごく広く捉えれば、情報共有がなされていて、頻繁にやりとりをしているので、業績指標が分解されていてもあまり問題はないように見えるんですが、実は、今言ったように互酬的な交換ということを考えると、影響を相手に与えるわけですので、それは相手の業績に有利になったり不利になったりっていうことが当然あります。そうすると、その互酬的な関係の中で、業績への影響っていうのを取り上げないわけにはいかなくなりますので、じゃあこちらがそういう相手に何かしてあげたときに、相手の人は自分の方に、業績指標に対してどういうふうな貢献をしてくれるんだろうか、っていうような期待の問題が出てきます。

集団主義的なこういう互酬的な交換を考えると、分解された業績指標であるという問題は、もっと違う意味を持ってくるんじゃないか。それじゃあどういう意味を持ってくるんだろうか、という部分を考えたいっていうのがこの研究の目的になります。

それでは早速その集団主義的なものの考え方ということを見ていきたいと思うんですが、ここではちょっと右上の方に書かせていただいておりますけれども、文化心理学と言われている領域で蓄積されてきた研究の枠組みを使って、その集団主義を考えていこうというふうに思っております。

北山忍先生とかを中心に主張されている考え方です。そこではどういうことが言われているかというと、自己観、つまり自分をどういう存在だというふうに見ていくかっていう見方が、その関係性を作るときに影響してくるんじゃないかっていうことが言われています。二つの自己観を彼らは提唱してるんですけども、その一つが独立的な自己観って言われているもので、これは実は集団主義的なものではなく、より個人主義的なというか、そういった関係につながっていく自己観なんですけれども、こういう場合には自己は他の人は独立した存在であるというふうに考えて、その自分の内部、自分の持ってる能力だとか、自分がやったことだとか、自分の意見だとかっていうのをどういうふうに表明していくか、っていうのをその価値観としているというものです。すごく言い方は荒っぽいですけど、ステレオタイプ的なアメリカ型というか欧米型というか、というような自己観を想定しています。その自分の持っている内部属性を表現する手段を決定するために、関係性が必要とされる。重要なのは、自分の内部属性を表現する手段として関係性が重要になってくるということです。自分はそもそも独立した存在ですから、その自分を表現するときの手段の一つとして関係性を捉えているという、こういう捉え方になります。これを業績指標に当てはめて考えると、業績指標もその内部属性を表現するための一つのものというふうに言えますので、その業績指標をその手段としてどういうふうに表現してったらいいかっていうのを考える、というような形になってくるかと思います。

一方で、相互協調的自己観というものがあるというのを提唱しています。これはもう少し集団的なアプローチになるんですけれども、自分は実は他の人や周りのことと結び付いた実体として自分を捉える、ということですね。初めから何か固有の内部属性を持っているんではなくて、他の人との間柄で考えて、じゃあ自分はどういうふうに動くかと、いうことを考えます。この場合にはその関係性を、自分の内部属性を表現する手段として考えるのではなくて、そもそも関係性を維持するっていうことが非常に重要です。その関係の中に自分が入っているということが非常に重要で、そういったことが逆に自分の内部属性を規制するっていうような関係になってくる。こういうふうに考えていくのが、相互協調的自己観というふうになります。

北川先生らの主張によると、こういうのは非常に東洋的な、日本人的な価値観と、まあ価値観というかその、これまで築き上げてきた文化や歴史と、非常に整合的な自己観であるというふうに言われています。

ではその相互協調的な自己観を持っている人はどういうふうに行動するのかっていうことで，言われているのが，役割志向性，そして情緒的な関与というのがよく言われております。つまりその関係性の中で自分が初めて存在するというわけですから，その関係の中でどういう役割を自分が担うかっていうことが非常に重要になる。逆に役割がないっていうのはその関係の中で自分の立場そのものが失われているような感覚になってしまうので，いかに相手の期待を自分の中に吸収して，その役割を果たすかっていうのが非常に重要になってくるということです。それからもちろんその場合には，相手のことをどうやって配慮するかという。相手の立場に立って考えて，判断して，その相手に介助する。何かしてもらったらそれに感謝したり，あるいは信頼ということで返すというようなですね。こういう情緒的な関与が言われています。

この役割志向性と情緒的な関与というのは，しばしば対立する可能性もあります。というのは，厳格に，「自分の役割，自分の役割，自分の役割」というふうに言っていれば，相手に配慮している余裕がなくなってしまいますので，その場合には役割志向ばっかりになってしまいますし，逆に相手のことばっかり考えていると自分の役割がおろそかになってしまったりするので，そういう場合には情緒的関与の方ばかり強調されることになります。相互協調的な自己観の中では，役割志向性と情緒的な関与が統合されているっていうことが非常に重要になってくるだろうということが言われています。つまり相手のことを気にかけているから，その人の気持ちになって，社会的な役割を引き受けようというふうに考えていくのが，相互協調的な自己観の関係づくりだということになります。で，そのときに出てくるのが，互酬的な交換関係ということになりまして，じゃあ相手がこういうふうにやってくれるんだから，その相手に対してこういうふうに返していこう，というような互酬的な関係が，この相互協調的な自己観では見られるということになります。逆にこの互酬的な関係が成立しない場合には，そういう関係が作れないということになってくるかと思います。

その互酬的な交換関係っていうことになりますと，実はこれまでの管理会計の研究の中でも，取り上げられてきておりまして，ここに挙げているような研究の中で，そういった交換関係がしばしば日本企業，あるいは欧米の企業の中でもそういうのが見られるというような主張があります。ただ，そこで言われている互酬的な交換関係っていうのは基本的には1対1で，例えばバイヤーとサプライヤーとか，製造の方と販売部で1対1で，なおかつ等価な交換ですね。相手にこれだけしてあげたら，これだけ返ってくる，それをどうするか，っていうのは等価の交換関係が想定されているんですが，実は相互協調的な自己観に立つ人の互酬的な交換関係というのは，必ずしも1対1でなくてもいいということになります。より集団的な中で，自分は集団にこう，何か相手にしてあげるけれども，今度はその相手が返してくれるわけじゃなくて，その集団が，誰かが自分に返してくれると，いうような関係でもいいということが言われていて，その中で1対1を切り出してみると，そのときには不等価になっている可能性もあるわけですね。そういう交換関係もあり得るということが指摘されていて，そういうふうに見ていきたいということです。実はそういったことも指摘されていなくはなくて，例えばアメーバ経営の中でこういう貸し借り関係っていうようなことがしばしば言われてきているんですが，そのときにも，指摘によれば，さまざまな形でお返しをしていくが，同じ形でお返しするとは限らないということなんですね。ですから，いろんな形でお返しをすることがあって，それは必ずしも同じものを返しているっていうふうには見られないような交換関係もあるよということになります。

そういうような協調的な自己観と業績指標の関係ということですが，業績指標はそういった交換の中でも，不等価性や，あるいは等価性を可視化していくっていう役割があるというふうな研究がこれまでにあります。ただそこで問題になってくるのは，実は可視化してしまったら，不等価だってことが分かってしまいますので，やりにくくな

いんだろうかという問題があります。じゃあそれについてどういうふうに見ていくのかっていうことですね。

それから，それがその互酬的な関係の中では自分がどういう役割を果たすかというふうに見ていくことになるんですが，役割を果たそうとするのは別に相互協調的でなく相互独立的なところでも当然役割を果たすんですけれども，相互協調的な人が役割を果たすっていうのは何が違うかというと，自己批判的に，自分の内部属性をこういうふうに表現したい，っていう役割を果たすんじゃなくて，自己批判的に，自分にはこういうとこができてない，あっちの人はできてるのに自分はこういうとこができてないから，もっと努力してそういうふうにやらなくては，というふうにみなしていきます。独立的な自己観の場合には，業績が悪いっていうのはすなわち能力がない，というふうにみなすのが普通なんですけれども，相互協調的な自己観の場合には，業績が悪いっていうのは努力が足りない，っていうふうにみなされます。つまり能力はみんなあるっていうのが前提で，努力が足りないんだというふうに考えるということです。これはある意味厳しい。能力はあるっていうふうにみなされているので，やらなくちゃいけないという厳しいところでもありますし，能力があるというふうに見てもらえているのは優しいという面でもあるかもしれません。というのは，人並みに自分もできる，最低限のことはできるっていう役割が非常に重要だというふうに言われています。ただ，そのときの役割というのは，あらかじめ規定されているものではなくて，その関係の中で役割が出てくるということですので，どうやって役割を取得していくのか，その役割を取得していくにはどういうふうに業績指標と結び付いていくのかということが問題になるかと思います。

当初の研究目的からして考えていかなくちゃいけない課題は，その互酬的な交換において必ずしも等価な交換になるとは限らない場合，業績指標がどういうふうに結び付いてくるかということです。それからその役割を関係性の中で果たすときにどういうふうに業績指標と結び付いてくるのかっていうことを研究課題として取り組んでいきたいと，こういう研究のプロジェクトでした。

ケースの方は，もうそんなに時間はありませんので，ポイントになるところだけご紹介したいと思います。データはほぼインタビューでデータを収集しております。

まず組織構造ですね。製造業の事例研究ですけれども，組織構造は普通のといってはあれなんですが，職能別の組織構造になっていて，営業の部門と製造の部門がやりとりをするというような組織構造です。我々が特にインタビューしたのは，より現場に近い人たち。部門長レベルではなくて，もう少しそれを職能に分けた製造の現場，工場のラインにも入っていくような人たち。あるいは営業でも，前線でお客さまとの交渉にもあたったりする人たち。こういう人たちのインタビューを見ていきました。それから前提として業績指標が分解されているというのは押さえておかなくちゃいけないわけですが，営業は売上高原価利益率，在庫の回転率を考えるのが責任とされておりまして，製造についてはこういった製造原価の指標でありますとか，稼働率，不良率というような，そういう業績指標を割り当てられております。この割り当て自体は非常に基本的な割り当てかと思います。

さて，こういう企業なんですが，今，市場の変化が非常に激しく，その変化についていく売り上げを，受注を獲得したいという営業部門としては，何とかしてお客さんから注文を取ってきたいんですが，そのために小ロットの注文に応えなければいけないし，あるいは急に短納期で持ってきてくれっていうような要求がきたりします。営業部門としては，顧客との関係を考えるとそういった要望になるべく応えていきたいということなんですが，そういうふうな要望に応えていると，業績指標にはいろんな影響が出てきて，営業部門の方は売上高の増大につながるんですけれども，製造部門の方は逆に生産効率が少し下がってしまうというような問題が起こっております。そうすると生産側としては，営業側が自分たちのことばっかり考えて注文を取ってくるけれども，それは自分た

ちの業績ばっかり考えているんじゃないかと考えたときには，生産側はちょっと反発をします。もう少し生産側のことを考えて注文を計画してくれ，ということですね。一方で営業側も，生産側がその生産効率ばっかり考えてやってるんじゃないかと考えたときには，非常に文句を言う，不満を言う，ということが起こってるんです。またそういった関係ばっかりではなくって，営業マネージャーの中にはそういう自分たちが業績が良くなってしまうことについて，生産側に負い目を感じる，っていうような営業マネージャーさんがいるということだったんですね。どういうことかというと，例えばある営業マネージャーが言ってたのは，「生産側が生産効率で苦労しているのは，自分たちが販売不足のときに，かなり低い販売予測をしてしまって，生産能力を引き下げざるを得なかったからで，だからこういう反発をしてるんだろう」とかですね。相手の置かれた状況というところまで含めて考えて，生産部門が言ってることを理解しようとするというような関係が見られました。そういうところに，その協調的な自己観が反映されているというふうに思います。そういうふうに負い目に感じた営業担当者は何をしてあげるかというと，自分たちが売り上げを増加させる代わりに，お客さんとある程度納期の調整を交渉して，それによって生産側がなるべく生産数量を増加しやすいようなスケジューリングに近づけてあげるとかです。そういった形で交換関係をうまく築いていこうとする営業マネージャーがいるんですが，ただ，経験があってかなりうまくやっている営業マネージャーさんはそういうことができるんだけれども，それは逆に言うと営業マネージャーさんの役割がすごく広がっているんですね。そういう広い役割を引き受けられる営業マネージャーさんっていうのは限られていて，やはり中には，そういう生産側との交渉は大変なので，この注文はちょっと取っておかないようにしようとか，逆機能的な行動に走ってしまう営業マネージャーもいるという問題が出てきました。営業がやってあげたことが，生産側の生産数量の増加につながるっていうのは，必ずしも業績指標の中で明確ではないので，そこは生産側のスキルにゆだねられているところがあります。そこで営業側が相手にちゃんとそれが伝わっているのかどうかっていうとこをどう判断していくのかが分からない，という問題がありました。

　というわけで，こういう1対1のやりとりの中で，情緒的に相手のことを思いやっているけれど，その中で引き受けている広い役割と業績指標というのはなかなか結び付いていかなかったという問題がありました。

　次に，今度は，やはり営業側が取ってきた注文にどう対応するかということです。生産計画の中で，月次の生産計画の中にここに重点規格というふうに書いてあります。ある程度重点的な生産，製品グループを製造と営業の会議の中で決めて，そこにまず生産側は重点的に生産をシフトしていき，営業側はその注文は一定期間しっかり確保していくようにするという生産計画の会議の場面がありました。その中で起こってくる交換関係というのを見ていきたいと思います。これは説明していくと非常に複雑で，先ほどのような1対1のような交換関係ではなくて，より集団的に，もっと複雑に交換関係が出てくるということです。中でも，営業担当者は生産マネージャーに，その月次計画で重点品を選定するために，なるべく注文情報をその月次会議に合わせて入手するという努力をしていて，役割がさっきと同じように拡張しているんですけれども，先ほどと違うのはそれが月次計画の中で出てきているということなんですね。どれを重点品にするかというのは，月次計画の製販の合同会議の中で決まりますので，そこで既に情報共有されているということなんです。その結果，営業課長は，自分たちが注文情報を迅速に伝えることで，生産スケジュールのどれだけ効率を高めているかどうかは分からないけれども，在庫回転率がどれくらい影響を受けるのかということを認識することができる。それによって，自分たちが生産側に果たす役割っていうのは，自分たちの指標としてこういうところにつながってる。だからもっと早く注文情報を伝えるとか，生産効率に配慮すると結び付けることができたとい

うことなんですね。
　ということで，細かいところは省略させていただきますが，月次生産計画を経て，そういった互酬的な交換が行われることで，集団的な交換ではあっても，関係の中で求められる役割が自分たちの業績指標と結び付いて理解することができると考えられます。
　ということで，相互協調的な自己観。非常に広い役割を引き受けなければならないというような役割取得プロセスがあるんですけれども，そこと業績指標というのを関連づけることで，双方にとってお互いに役割というのが，ある程度はっきり見えてくると，いうことが確認されたということであります。
　これは，基本的な人間関係のことを扱っていて，その良さの方を強調してきたんですけれども，実は負の側面もあるというふうに言われています。いろんなニュースで忖度とかいう言葉を耳にすることが多いんですけれども，そういう負の側面とつながる内向き志向になってしまうということもあって，確かにこの会社でもそういう面は見られました。ただ，その貸し借りを業績指標と関連づけることによって，もう少し，その関係性に集団的に広がりを，あくまでこの場合は社内ということですけれども，広がりを持たせることができたんではないか，というようなことが考えられました。
　以上で，私の報告を終わらせていただきます。ご質問がありましたらよろしくお願いいたします。
（了）

報告2

顧客接点の戦略的活用と管理会計

君島美葵子氏（横浜国立大学大学院　准教授）

小林　君島先生から『顧客接点の戦略的活用と管理会計』について，ご報告をお願いします。

君島　ただ今，ご紹介にあずかりました横浜国立大学の君島美葵子と申します。本日はこのような報告の機会を賜りまして誠にありがとうございます。
　私が研究助成を受けましたのは2012年度でして，現在に至るまでかなり時間が経過しています。本報告で「管理会計研究の最新動向」の視点を含めるためにも，研究助成の成果である論文4本を振り返り，現在取り組んでいる研究内容とどのような関係性があるのかをご説明したいと思います。
　本日の報告テーマとして『顧客接点の戦略的活用と管理会計』を掲げました。なぜ，このようなテーマにしたのかと申しますと，顧客を念頭に置いた経営戦略を策定，遂行するために活用される管理会計技法を，どのように追究していけば良いのか。そこに大きな関心があったためです。そこで私は，顧客をキーワードに管理会計技法を考察してまいりました。
　メルコ学術振興財団の研究助成では『顧客セグメントの多様化に対する管理会計技法の理論化研究』をテーマに取り組みました。近年の顧客セグメントの多様化は，顧客がさまざまな属性を有し，その属性を把握できるような環境が整備されたことによって実現されたと考えられます。その整備の一つとして，情報通信技術（以下，IT）と電子商取引（以下，EC）の発展が挙げられます。また，顧客セグメントの多様化は，取引形態にも影響を与えます。一般に，取引形態としてB to BとB to Cが挙げられます。B to Bは，1社対1社となり明確な関係性を把握しやすい特徴があります。顧客管理で課題となるのは，どちらかというとB to Cではないでしょうか。B to C は Business to Customer であり，1社対多数の顧客が想像されるかと思います。その一方，ECの発展を通じて，1社対1人の顧客，つまり個別の顧客との関わりが見いだせるようにもなりました。このような Business to Customer における Customer のバリエーションが拡張したことによって，幅広い顧客情報を企業内で蓄積することができ，それに基づいて多様な顧客属性にアプローチする経営へと転換していくことになりました。
　ECは日本国内に限らず，海外への事業拡大で

も活用されますので，ここでもさまざまな顧客属性情報を獲得することができます。このような情報をもとに，顧客へきめ細やかな対応を行うことは，競争優位を確保するために必要不可欠と言えます。そこでは，顧客それぞれがどのような属性を有しているのかという，顧客の姿をはっきりとさせることが求められるようになります。このように顧客の姿をはっきりとさせる，そのために必要な顧客のセグメンテーションでありますが，これはレベニューマネジメントに対する管理会計技法の先行研究の中で取り上げられています。

私は特に，販売の一形態として通信販売に焦点を当て，定性的，定量的な顧客情報を活用した管理会計技法の適用を考察しております。通信販売は，顧客に紐付けられる情報があふれるぐらいにありますけれども，その中で，各顧客の購入履歴から確認できる購入頻度，購入日，購入金額というところが基本的な情報となります。したがって，通信販売においても顧客のセグメンテーションや顧客セグメントの収益性を直ちに明らかにでき，既存の管理会計技法，特に収益性管理につながるセグメント別損益計算書の活用は，通信販売に関わる戦略立案へと役立たせることができます。

それでは，研究助成の成果をご説明します。論文4本を二つのグループに分けまして，それぞれどのような関係性があるのかをまとめました。論文1「顧客別収益性分析に基づく意思決定―顧客セグメント別損益計算書の検討―」と論文2「ABCの原価階層と貢献利益法の統合―顧客セグメント別損益計算書への適用―」については，顧客セグメント別損益計算書の構造，その構造を使用した損益計算書の活用を検討しております。論文3「マーケティング活動のアカウンタビリティに対する財務指標の活用」と論文4「営業費に関する情報ニーズの拡張と営業費会計の変容―注文獲得費の視点から―」については，損益計算書の構造論ではなく，どちらかというと，管理会計情報の適用に関する内容となります。ここでは営業費会計に関する先行研究を，現在の販売・マーケティング活動へ対応させてみるとどのように分析できるのかという視点で取り組みました。

各論文の内容ですが，論文1は，顧客セグメント別損益計算書を用いた意思決定について考察しました。この意思決定が対象とするのは，顧客の取引可否でして，そこで生じる回避可能性について言及しております。論文2は，顧客セグメント別の業績評価，収益性分析です。それらの評価，分析を顧客セグメント別損益計算書の活用を通じて行うことを前提に，顧客セグメントへ固定費をいかに割り当てるかという多段階計算を考察しました。論文3は，より顧客志向となった販売・マーケティング活動に焦点を当てております。ここでは，マーケティング・アカウンタビリティという，販売・マーケティング活動の会計責任を果たすために，その活動の投資対効果の測定，評価技法を考察しました。論文4は，ITの発展に伴う販売チャネルの多様化，より市場や顧客を重視した経済的・社会的背景を通じて，営業費会計への情報ニーズが拡張したことを指摘しました。この拡張が，レベニュー・ドライバーの明確化や業績評価指標，会計技術の制約という各モデレータの影響を受けることによって，営業費会計の変容へつながることを明らかにしました。これらの研究成果は，顧客セグメント別損益計算書，顧客志向の販売・マーケティング活動の投資対効果の測定と評価，IT化によって顧客志向の強化が図られたマネジメントに即する販売・マーケティング活動と営業費会計との関係性を述べました。したがって，これら論文1から論文4の各論文は，顧客をキーワードに関連づけることができるようになります。

さて，私の現在進行中の研究課題は，コールセンターへの管理会計適用となります。コールセンターは，インソーシング（内製）とアウトソーシング（外部委託）とに分けられます。まずは，インソーシングを考えていきたいと思います。企業と顧客との接点は，さまざまな場所で見られます。例えば，実際の販売店舗，取引の窓口としての営業担当者などが該当します。そこには，コールセンターも加えることができます。なぜコールセンターかと申しますと，主に最近の小売業の動向として，顧客が企業と接触できるチャネルが多様化してきていることがその理由となります。オムニ

チャネル化と言われるのですが，セブン＆アイ・ホールディングスでは，オムニチャネルであるomni 7（オムニセブン）を展開しています。この「オムニチャネル」というキーワードは，総務省の『情報通信白書（平成25年度版）』で紹介されています。具体的には，通信販売を行うインターネット店舗やソーシャルメディアなどのOnline側と，実際の販売店舗を示すOffline側の顧客による購入活動が相互に連携・融合し合う一連の仕組み・取り組みのことを指します。セブン＆アイ・ホールディングスは，インターネット店舗であるOnline販売チャネルと百貨店，スーパー，コンビニエンスストアなどのOffline販売チャネルを有しています。言い換えると，オムニチャネルを活用することによって，顧客はセブン＆アイグループ店舗で扱う商品を自由に手に取り，都合の良い場所や時間で購入することができるということになります。そして，その顧客接点がOnline側とOffline側という複数チャネルから構成されることによって，顧客は以前より増してセブン＆アイグループで扱う商品にアクセスしやすくなりました。例えば，顧客が百貨店で商品を確認し，通信販売で購入する。もちろんこの逆のケースもあります。これがオムニチャネルを通じた顧客の購入パターンとなります。

　最近は，インターネットやスマートフォンなどのOnline端末使用者が増えてきました。実はこの使用者の増加が，実際の販売店舗からインターネット店舗へ，インターネット店舗から実際の販売店舗へと商品をどこからでも確認でき，どこからでも購入できるという状況を生み出すきっかけとなります。このような環境の中で，コールセンターはどのような役割を担うのでしょうか。例えば，顧客がコールセンターに電話をかけて商品に関する相談をするとしましょう。そのような相談の中で，コールセンターのオペレーターからの商品紹介があるかもしれません。そのときに，商品を購入するか否かは顧客の意思決定にゆだねられますので，今日は購入をやめておきます，という判断もあり得ます。しかし，購入の検討に時間をかけ，実際の販売店舗でその商品を見たときに欲しいと思ったときには，その場所で買うことも考えられるわけです。プリンターのインクカートリッジの購入を例に取りますと，顧客は，プリンターの故障が疑われることからコールセンターに電話をします。もちろん，プリンターの故障に関する問い合わせが主な目的ですが，コールセンターが社内でOffline側の店舗と位置づけられているのであれば，プリンターのインクカートリッジの購入を案内することも想定されます。顧客は，その電話では購入しないと意思表示をしても，後からインクカートリッジを3箱欲しくなったのでインターネット店舗，すなわちOnline側店舗から購入するという顧客行動を起こす可能性があります。このようなことから，オムニチャネルの一つとして，コールセンターを活用することができるのです。

　コールセンターを社内に持つ企業各社にインタビューを行いますと，コールセンターは，原価責任が問われるコスト・センターとしての位置づけが一般的とのことです。そのため，オムニチャネルに対するコールセンターの活用を主張したとしても，社内調整がなかなか難しいと聞きます。コールセンターの成果が直接的に商品の売り上げにつながっていることが見えにくいためとのことです。一方，先に述べたように，コールセンターには，顧客別情報のデータベースとしての役割があります。そのようなデータを販売・マーケティング活動に対して上手に生かすことも企業のビジョンや戦略を実現するための一つの方法として考えられます。実際に，コールセンター運営に関する文献では，コールセンターをより企業戦略に近いところで運営させていこうという主張が見られるようになってきました。

　また，コールセンターの社内での立場を転換させるような動きがあります。それは，コールセンターに電話をかけてきた顧客がその会話を通じて「この企業から素晴らしい電話応対サービスを受けた」と顧客に企業サービスの経験価値を与える立場への転換です。このような場合，顧客経験としてはプラスの価値になります。さらに，コールセンターで一貫した電話応対サービスを提供する

ことによって，その企業のブランド形成に貢献することも期待されています。このように，企業の成長に役立つ組織としても認識されるようになってきました。

コールセンターは，アウトソーシングも可能です。そうなりますと，どのアウトソーサーへコールセンター運営を委託することが望ましいのかという経営上の意思決定が生じます。コールセンター運営の内製か外部委託かという意思決定は，設備投資の意思決定の考え方が適用できますので，コールセンターへの管理会計適用そのものは，従前から行われていることになります。しかし，この他にもコールセンター運営に対する管理会計からの分析視点があるはずです。そこで私は「オムニチャネル時代のコールセンターの役割」をテーマとしたインタビューを実施し，そこからコールセンターの管理会計適用を考察することにしました。このインタビューは，さまざまな顧客接点の開発・運用から収集した顧客情報の分析・活用に至る「インタラクティブ・マーケティング」の専門誌発行に20年近く携わった方をインタビュイーとしました。このインタビューは，合計2回で各回1時間半行いまして，主に将来のコールセンター展望について伺いました。そこでは，コールセンターが単にコスト・センターではない。コールセンターをさらに生かすためには，コールセンターをどのような場として捉えれば良いのかが話題となりました。

このインタビューではまず，コールセンターをコスト・センターではなく，プロフィット・センターとして運用するその可能性を探索しました。実際の業務では，コールセンターで受注業務を担当していれば，顧客別売上金額，顧客別平均単価，顧客別利益を紐付けることが可能です。そのうち，コールセンターが商品売買による売り上げに対していかほど貢献しているのかなど，コールセンターが関与する金額を各項目で把握でき，その評価を行う仕組みができれば，プロフィット・センターへの転換が望めるのではないかということでした。

また，コールセンターの「場」としての位置づけは次の四つとなります。一つ目の顧客の反応を受け止める場とは，顧客の声を直接会話から聴取しますので，顧客の反応を受け止めることができます。二つ目の顧客生涯価値の測定に寄与するデータ収集の場というのは，コールセンターで受注する場合，どの顧客から，どれだけの売り上げが得られたのか，必要情報をデータベースで蓄積することができます。ご説明のとおり，顧客別売上金額，顧客別平均単価，顧客別利益までも紐付けることが可能です。また，各顧客との取引期間も情報端末で全て管理することができるため，コールセンターが保有するデータを用いて顧客生涯価値を計算し，関連部署とその情報を共有することへの実現可能性があります。三つ目のVOC（ボイス・オブ・カスタマー）についてです。コールセンターは，顧客の声を企業内部に発信する場とも言えます。ここでは，各顧客で認識される定量的情報のみならず，顧客の声という定性的情報も把握することができます。それらの情報を社内に伝達し，顧客を知るための情報提供の場として機能できるのではないかということです。四つ目は，顧客のロイヤルティを高める場としての位置づけです。先に述べたコールセンターの戦略的運用とつながりますが，コールセンターの通話を活用して企業やその商品のイメージを良くしていこうということです。例えば「この企業のコールセンターは，応対サービスが良く満足できるものなので他の人にも推薦したい」と考える人を増やすことが挙げられます。そして，コールセンターを通じて，企業や商品・サービスを顧客と強く結び付けることを目的とします。なお，これらのインタビューの詳細は，拙稿「顧客接点としてのコールセンターに対する管理会計適用の一考察—戦略的コールセンター・マネジメントに向けたインタビュー調査—」をご覧ください。

以上のことから，私の助成研究の成果と現在取り組んでいる研究テーマは，顧客をキーワードとして三方向に展開していると言えます。その研究の方向性は，顧客セグメント別損益計算書の構造とその活用，IT化に伴う顧客志向を反映した販売・マーケティング活動に対する営業費会計の変

革，コールセンターを主とした顧客接点の戦略的活用と管理会計，という各テーマとなります。

最後になりますが，メルコ学術振興財団研究助成により，現在の研究活動の基礎を構築することができました。本報告により感謝の意を表します。ご静聴ありがとうございました。

(了)

報告3

管理会計の効果を高める組織能力

福島一矩氏（中央大学　准教授）

福島　中央大学の福島です。今回は『管理会計の効果を高める組織能力』というテーマで報告をさせていただきます。このテーマは数年間取り組んでいるテーマでして，今回の内容は数年前に行った研究，報告をベースにしております。その研究をさらに進めたものを，今年の1月にアメリカ会計学会の管理会計のセクションミーティングで報告してきましたので，そこで得たコメントを反映したものを報告していきたいと思います。

まず，これまでの研究を振り返ってみますと1990年代以降，さまざまな新しい業績管理システム，あるいは仕組みというものが提示されてきました。代表的な物としてはバランスト・スコアカードがありますが，他にもパフォーマンスプリズムなどさまざまな仕組みが提示されてきました。それらの仕組みが提示されてくる中で，果たしてそれらの仕組みには本当に効果があるのかについて，多くの研究が行われています。その中では，概念や定義には若干の違いがありますが，戦略的業績管理システムや包括的業績管理システムといわれるような形で議論が行われてきました。

これまでの研究を見る限り，これらの業績管理システムは，組織業績を向上させていそうだということが言われてはいるのですが，研究によって結果が異なっていて，本当に組織業績にプラスの影響を与えているのかどうかというのは，よく分からないというのが現状です。例えば，客観的な組織業績と呼ばれるようなものに対して，関係があるという議論がある一方で，それとは対照的に関係を見いだすことができないといった議論があります。あるいは，客観的な組織業績との間には関係は見いだすことができないけれども，主観的な組織業績との間には関係はあるといった違いが指摘されてきました。したがいまして，これらの戦略的あるいは包括的業績管理システムというものと，客観的な組織業績の間には一定の関係を見いだすことは難しいというのが，ここ数年で言われているところです。

このように組織業績に対してプラスの効果を持つかどうか分からないのであれば，わざわざ手間のかかるような仕組みを使う必要はないはずなのですが，日本企業を見てみると，これらの業績管理システムを利用しているという企業が比較的多いことがこれまでの調査では指摘されています。確かに，例えばバランスト・スコアカードみたいな特定の仕組みになると利用している企業は少ないということが調査結果でも示されているのですが，業績管理の仕組みが，どの程度包括的であるのかどうかという点からは，包括的であるという特徴を備えている企業が多いということも明らかにされています。

これらの議論を振り返ってみると，それではなぜ，このような戦略的あるいは包括的業績管理システムの利用は組織業績にプラスの影響を与えるかどうかが分からないにもかかわらず利用されているのか，一体どうすれば組織業績の向上に役立てることができるのか，その状況を明らかにしていくということが一つの重要な研究テーマである，と考えています。

そこでこの研究では，タイトルにもありましたとおり，管理会計の仕組み，特に業績管理の仕組みについて，その仕組みを効果的に利用するための組織能力というものに着目をすることによって，今述べたような課題に対して，一定の説明を与えることができるのではないかと考えています。そう考える理由としては，これまでの研究，例えば原価企画の中で言われていたような原価企画能力について，原価企画能力の高い組織だと原

価企画の効果は高まる，あるいは原価企画が持つ逆機能というものを抑止できる，といったことが指摘されているのであれば，それらの関係と同様の関係というものが業績管理の仕組みについてもあるのではないかと考えるからです。

そこで，業績管理システムを効果的に利用するための組織能力が，業績管理システムの利用と組織業績の関係にどのような影響を与えていくのかを明らかにしていくことをこの研究の目的としました。

これまでの議論の中で，どのようなことが議論されてきたのか，というものを振り返ってみますと，管理会計の仕組みの利用に関する組織能力に関して，管理会計の仕組みを利用していく中で，その仕組みを効果的に利用するノウハウであるとか，知識が蓄積されていくということが言われています。例えばバランスト・スコアカードの議論の中でも，実際，キャプラン（Kaplan）とノートン（Norton）は，導入した当初からすぐにうまく機能するわけではなく，試行錯誤を繰り返しながら徐々に仕組みを調整していくことによって，段階的にレベルアップしていって，やっとうまく回っていくというようなことを言っています。

あるいは原価企画の場合でも同様に，初めは一つの目的で利用していたのかもしれないけれども，時間が経過するにつれていろいろな目的を同時に達成できるような形で利用できる，といったことも指摘されてきました。こういったノウハウあるいは知識は，実際にその効果を高めるということも指摘されています。先ほど少し触れましたが，原価企画の中では，例えば原価企画能力が高い組織であると，逆機能を防止できることであるとか，あるいは原価企画を使うことの成果を高められることが指摘されております。

この管理会計を使う能力ということを考えていくときには，マネジメントシステムの話でも言われているように，管理会計を使いこなしていくための知識が重要だということが言えます。

組織はどうやってこの知識を手に入れていけばいいのかということを考えていきますと，自分たちの組織の外にあるような知識で，それが特に役に立つ，有用であると考えられる知識を継続的に探していき，必要であればそれを獲得していくと同時に，そこから得られた知識を実際に組織の中に取り入れて利用していくということが非常に重要であることが指摘されています。そのときに重要になってくるものがこの研究で特に注目している吸収能力と呼ばれるものです。吸収能力とはどういったものかといいますと，組織の外部に存在する新しい知識，あるいは情報が，どのような価値を持っているのかというものをまず認識し，それが役に立ちそうだ，自分たちの組織にとって有用な知識だと思える場合には，それらを取り入れていくことによって，現在組織が持っている知識であるとかルーティンというものを変化させていくというものです。

吸収能力の高さと管理会計の仕組みに関しても，これまでいくつかの議論があります。それらの議論を見ていますと，組織の吸収能力が高く，外から新しい役に立つだろうと思った知識を取り入れたいと思うような組織であれば，新しい管理会計のシステム導入が促進される，ということが言われています。同様の議論として，組織内コストマネジメントを利用している企業では，サプライヤーなどの外部組織との情報共有化が進むこと，つまりコミュニケーションの頻繁さであるとか，密度，深さ，あるいはその取りやすさが増すことによって，組織間のコストマネジメントの利用も促進されるといったことも指摘をされてます。他にも吸収能力の高さが，新しいより効果的な仕組みの利用を促すこともこれまでの議論の中で指摘をされてきました。

一方で，これらの議論が，果たして，本当に管理会計の仕組みを利用するという話でも成り立つのか，という点はこれまでの管理会計の研究ではよく分かっていません。ただし，いくつかのマネジメントの仕組みに関する議論の中では，仕組みを利用していくという点からも，吸収能力が重要になるということが指摘をされています。

一つの議論では，電子購買システムを利用することで，購入価格の引き下げであるとか，購買に関わる費用の削減というものができるようになる

というが，それは吸収能力が高い組織でないとうまくいかないという話が出てきます。もう一つの議論では，プロダクトポートフォリオを用いることによって，組織業績というものが高められる一方で，そういった仕組みを使うということに関して能力が低い組織だと，使い方を誤ってしまうということだと思うのですが，組織業績を悪化させてしまうということも指摘をされています。今回の報告のもとになった以前の私の研究の中でも，業績管理の仕組みを利用していく中で，吸収能力の高い組織では，仕組みに期待された効果を高められる可能性があるということも明らかにしています。

これらの議論を踏まえていきますと，吸収能力が高い組織であれば，現代的業績管理システムを使った場合に，組織業績に対して，より高いプラスの影響を与えられるのではないかということが予想されます。そこで，吸収能力の高い組織では現代的業績管理システムを使うことによって，組織業績を高められるという仮説を立てました。

この研究では質問票調査を用いた仮説の検証を行っています。調査は，昨年の夏場に実施し，日本の証券市場に上場している製造業の1,524社を対象として調査を実施しました。最終的には回収率は15％超になりましたが，それらのデータを用いて分析をしています。なお，調査によって得られたサンプルに関して，非回答企業との業種や従業員数をもとにした規模の差というものは，特に見いだせませんでした。

では実際に，どのように尺度を作っていったのか，というところをお話ししていきたいと思います。まず，現代的業績管理システムについてですが，この概念にはいろいろな定義があります。先ほど出てきました戦略的業績管理システム，あるいは包括的業績管理システムについても，微妙に定義は異なっていますが，それらには，基本的に共通している特徴があるということが言われています。

その共通する特徴，現代的業績管理システムの特徴ですが，それには五つあると言われています。戦略と組織業績の関係性を想定していること，財務指標だけではなく非財務指標も同時に利用していること，業績管理の仕組みを意思決定に利用していること，業績と報酬をリンクさせていること，業績管理の仕組みを使って業績評価をしていること，という五つです。調査では，それぞれについて質問をし，因子分析を実施しています。因子分析の結果につきましては，資料の最後の方に載せてあります。分析の結果，当初想定されているものと近い因子が抽出できました。つまり，構成要素に関する非財務業績と戦略的な業績管理，利用方法に関する業績と報酬をリンクさせる，意思決定に利用する，業績評価に利用する，の五つです。

次に，吸収能力については，組織の外部に存在する知識を探してきて，獲得した知識というものをしっかりと検証，理解すること，そしてその知識をもとに新たな行動に結び付けるという点について質問しています。

この分析結果についても先ほどと同様に，資料の最後の方に載せています。分析によって得られたのは，知識を獲得していくという因子と，その知識をもとに，それをうまく活用していく，つまり，実際に組織の中に取り入れて，その知識を生かしていくという因子の二つです。この研究では，これらの二つを同時に高いレベルで持っている，どちらかではなくて，両方が高いレベルにあるということが重要だということを考えまして，これら二つを掛け合わせた数値を，吸収能力の変数として設定をしました。

では，組織業績はどのように考えたのかと言いますと，始めに述べたように，これまでの研究ではなかなか業績管理システムの利用と組織業績との関係は見いだすことが難しいという問題がありました。主観的な組織業績と呼ばれるもの，例えば，ある程度目標達成してると認識をしている，というレベルで検討することによって，管理会計の利用効果が確認できると言われていますが，やはり客観的な組織業績との関係を明らかにするということが重要なことだと指摘されてきました。そこで，この研究では客観的な組織業績として挙げられる，売上高営業利益率を用いて検討しています。

それ以外に，業績管理システム，吸収能力，組織業績の関係を見ていく上で，各業界の影響というものを排除する。また，この調査では東証一部上場の企業だけでなく，それ以外の証券市場に上場している企業も含まれていますので，規模のコントロールを行っています。
　分析モデルは次のページにあるようなものを想定しています。つまり，業績管理システムに関する五つの特徴と吸収能力，それらを掛け合わせた交互作用項，後は，先ほど述べたコントロール変数を用いて検討しています。説明は省略しますが，分析に用いた説明変数の相関係数に関しては，資料のとおりになっています。
　最小二乗法によって推定した結果をスライドに示しています。まず主効果としては，業績と報酬をリンクさせるということが組織業績，ROSを高めるという結果が確認されました。もう一つ，この研究で一番見たかった点である，業績管理システムと吸収能力の交互作用の部分がどうかといいますと，戦略的業績管理と吸収能力の交互作用項が，組織業績にポジティブな影響を与えるということが分かりました。そのほかにも，コントロール変数である規模も組織業績に対しては一定の影響を与えるという結果も出ました。これらの結果からは，先ほど示しました仮説は部分的には支持をされたと考えられます。
　どういうことかといいますと，現代的業績管理システムの特徴の一つである戦略的業績管理を利用するということが，吸収能力が高い組織だと組織業績に対してプラスの影響を与えることができるということが確認されたということです。ただ，それ以外の四つの要素，例えば非財務業績を用いた管理をしていること，あるいは業績管理システムを意思決定に使っていること，業績評価に使っていることなど，その他の要素との間には，明確な関係というものは確認することができませんでした。これを見ていくと，やはり現代的な業績管理システムの特徴をうまく生かしていくためには，これまでの研究で明らかにされていたように，他のマネジメントの仕組みと同様に，吸収能力を持っているということが重要になってくると思い

ます。したがいまして，吸収能力を高めることによって，業績管理の仕組みを使うことの効果を向上させることができる可能性があるというのがこの研究から見えてきた一つの答えになります。
　こういった研究というものが，果たして研究，あるいは実務に対してどういった意味を持つものなのか，というものを最後にお話ししたいと思います。研究上の意義としましては，これまで議論されてきたように，現代的業績管理システムといわれるような，複雑なマネジメントシステムをうまく使っていくためには吸収能力の向上が重要な意味を持ってる，ということを示すことができました。それは同時に，これまでの議論の中でよく分からなかった現代的な業績管理の仕組みと客観的な組織業績の関係について説明を与えるための一つの論理を示しているという点でも意味があると思ってます。
　もう一つは，吸収能力の視点から検討することによって，今まで確認されなかった管理会計の仕組みの利用と効果の関係を見いだすことが，もしかするとできるかもしれないことです。今後，他の管理会計の仕組みがパフォーマンスに対してどのような効果を持つのかということを考えていくとき，このような視点から考えることによって，これまではパフォーマンスとの関係はないと思われていたような仕組みも，実は関係があるということが見えてくる可能性があるかもしれないわけです。その点では，この議論は，今後の研究に何らかの示唆を与えることができるのではないかと思っております。
　一方で，実務に対しては組織の外にあるような知識をしっかり取り込んでいく，あるいはそれを活用していくということの重要性を示しています。仕組みの利用に必要な知識を取り込む，あるいはそれをうまく利用していくことで，もともと期待されていたような効果を実現できるようになるということを考えると，知識を取り込む，活用するという点を重視することが大切ですよということが言えると思っています。
　ただ，先ほどの仮説の分析の結果でも出てきましたが，現代的業績管理システムの一部の要素に

しか関係を見いだすことができなかったという点では、なぜ他の要素では関係が見いだせなかったのか、という点を細かくさらに検討していくということが必要になってくると思います。また、こういった研究の結果というものを、実際に実務の中で反映していくという点からすると、どうすればその吸収能力を高められるのですか？　という質問に対しては、この研究ではまだ答えが出ていません。したがって、これらの点を踏まえて議論をしていくことによって、実際に組織業績を高めていく上で役に立つ議論となっていくのではないかと考えています。

以上が私の報告となります。どうもありがとうございました。

(了)

報告 4

介護事業における管理会計の利用

尻無濱芳崇（山形大学　准教授）

1　介護事業の管理会計を研究する意義

尻無濱です。皆さんおはようございます。今日はこのような場で発表の機会をいただきありがとうございました。『介護事業における管理会計の利用』というテーマで、財団から2回の助成をいただきまして、その研究結果を報告させていただきたいと思います。

介護事業の管理会計の研究者はあまりおられませんが、介護事業の管理会計は非常に研究する意義のある領域と考えています。特に、日本の状況を海外に発信することに意義があることと思っています。なぜかというと、皆さんご存じのとおり、少子高齢化が非常に進んでいるので、日本の介護事業の市場規模はかなり成長しています。さらにそれに加えて介護事業の市場は、その多くの部分が介護保険に基づくサービスの提供中心になり、ここに多額の税金が投入されています。ということで、個々の事業だけでなく、社会的に見ても事業自体を効率的かつ効果的に実施していく必要が

あります。ここに、管理会計が提供する会計情報が果たす役割が大きいと考えられます。その研究を進めて、日本のベストプラクティスを海外に発信できれば、非常に意義があると思っています。

もう一つ、介護事業を対象に研究するユニークな点があります。それは営利企業と非営利組織が介護市場で競争しているということです。ここが面白いところで、営利と非営利を比較することができます。こういう産業はあまりないので、ここも一つポイントと思います。

メルコ学術振興財団から受けた助成金に関する研究は、大きく二つの段階に分けることができます。一つ目の段階は介護事業者がどれだけ公益的な観点で事業をやっているかという公益志向の観点からの研究です。二つ目の段階は介護事業者の経営者に注目し、経営者の能力の違いが、会計情報を扱うときの巧拙に関係してくるのではないかという観点で行った研究になります。

2　介護事業で利用される業績測定システム

まず、一つ目の段階の方から話していきます。これは介護事業で利用される業績測定システムの話で、介護事業を営む営利企業と非営利組織である社会福祉法人に対してインタビューを行い、その業績測定システムの違いを比較した、比較事例研究です。

ここでは、営利企業の方が公益志向は低く、非営利組織の方が公益志向は強いだろうということを想定します。ここでいう公益志向というのは、例えば社会福祉法人であれば、所得の低い人に対して無償でサービスを提供したりであるとか、あとは介護保険の対象にはならなくとも独自のサービスを提供していて、それが特に地域貢献のためになるであるとか、そういう公益性を目指した事業をやることです。それをどれだけ志向しているのかというのが公益志向の程度になります。

この公益志向の違いというのは、結局それぞれの組織のミッションが違うことから生じると考えられ、営利企業だとやはりどうしても利益を重視するだろうが、非営利組織だと社会的なミッションの方を重視するだろうということによります。

そういった観点から組織目標の達成度合いを測定する業績測定尺度等が違うのではないかという観点でいくつかインタビューを実施した研究です。

実際に二つの種類の組織にインタビューに行くと，どちらも使用する業績測定尺度というのは共通しているわけです。基本的に，一番重視されるのは稼働率です。それから売上高，収益額で，予算管理により各費目に注目している。というわけで，使われている業績測定尺度には，この二つの組織のタイプで大きな違いはない，そういう発見が得られました。

ただし，その尺度の使い方や意味を従業員にどのように伝えるかについて違いがありました。営利企業では，やはり収益額，利益率というのを最終的な目標として重視しています。しかし，非営利組織である社会福祉法人では，収益額や稼働率を高めることによって社会貢献につながるという話をしています。具体的には稼働率を高めることによって，今まで介護サービスを利用できていなかった地域の人たちが利用できるようになったとか，獲得したお金で，新しい施設や新しいサービスを提供できる。そうすれば，今まで介護サービスを利用できていなかった人が利用できるようになり，それが社会貢献になると。そういうロジックのもと，会計情報を使って管理することを正当化しています。これが非営利組織の特徴だという話ですね。このような違いがあったというのが一つ目の研究です。

その次に，千葉県の老人ホーム，特別養護老人ホームを営む事業者にアンケートを送り，そのアンケートを使って定量的な研究を行いました。

この研究は，先の公益志向，つまり公益的な事業をどれだけ重視しているのかというのを指標化して，これをアンケートで聞きました。この公益志向の強さは，社会的使命に関連する公益的活動と関連した尺度で，これが業績評価システムの利用に影響を与えているのではないかという観点から研究したものです。

ただ実際に定量的にやってみたところ，介護事業者が公益的なことを重視している程度は，あまり業績測定尺度の利用には影響を与えていないことが分かりました。例えば，公益志向が強いからといって看取り実施数というのを業績測定尺度として利用しているわけではないし，また，困難事例受入数や割合などを利用しているわけではありませんでした。

唯一公益志向と関連が見られたのが，この医療的ケアが必要な利用者の受け入れ施設の割合というところでしたが，この関係もそれほど強いものではないということで，公益志向が強いからといって，組織の社会的使命に関連した業績測定尺度を利用しているわけではないというのがこの研究の結果でした。

この研究結果からいくつか解釈できる余地がありますが，インタビュー調査から考えると，定量的な尺度で社会的使命に関連する事業をコントロールしているわけではなくて，例えば経営理念を通じて，実際のサービス提供者に組織の社会的使命につながるような活動をさせようとしていることが分かりました。また，人事面では，研修制度からそのあたりをコントロールしているということが明らかになりました。業績測定尺度以外の方法で社会的使命に関連する事業をコントロールしているのではないかというのが事後的な解釈になります。

次は少し視点を変えまして，原価計算システムの機能性の決定についての話です。これは社会福祉法人に対してアンケートを送り，社会福祉法人の原価計算システムの機能性が，どのような要因に影響を受けるのかを研究しました。

アンケートデータを用いてクラスター分析をして，二つのクラスターを抽出しました。ここでも公益志向に注目しています。第1グループはいろいろと書いていますが，大まかに言えば原価計算をしっかりやっているグループになります。先行研究に従って，原価計算システムの機能性を本研究では四つの側面から捉えています。詳細にコストを把握しているか。変動費・固定費や直接費・間接費としてコストの分類を行っているか。それからコスト情報をどれだけ頻繁に報告しているのか。そして，差異分析をどれだけ徹底しているのか。こういった観点から原価計算システムの機能

性を捉えています。

グループ1では，これらの点からかなり正確に原価計算をやっていて，グループ2では原価計算システムの機能性が低いということです。他の特徴を見てみると，グループ1は基本的には大規模な社会福祉法人で，事業数が多いですが，あまりコスト・リーダーシップ戦略を重視しているわけではないし，公益志向も強いわけではありません。

グループ2は，原価計算システムの機能性は低いのですが，コスト・リーダーシップ戦略を重視しており，公益志向が強いという特徴を有しています。ただ，小規模法人で事業数が少なく，財務業績に大きな違いはありません。また，グループ1の方は会計情報に対する満足度が高くて，グループ2の方は低いという結果が得られました。

結局のところ，グループ1は法人規模が大きくて事業数が多いので，それをコントロールするために原価計算システムが発達している。グループ2の方はコスト・リーダーシップ戦略を重視しているので，原価計算システムの機能性が高くてもおかしくなく，また，公益志向が強い事業所は，その公益志向に関連する事業をするために，そのための原資が必要になるわけで，その資金確保のために，原価管理をしっかりやらなければならないところもあると思いますが，実際には原価計算システムの整備ができてない。これは，法人自体の規模が小さくて，なかなか原価計算システムが整備できてないということだと考えられます。こういう二つのタイプがあるという研究でした。これは完全に探索的な研究です。

3　経営者の能力と会計利用の巧拙

ここまでは，公益志向に注目した研究について説明してきましたが，実際にインタビューしていると，介護事業を営む経営者の中で，経営管理能力に幅があることがインタビューで分かってきました。

これはどういうことかというと，介護畑の人には失礼になるかもしれませんが，ずっと医療や介護に従事されてきた方というのは，あまり会計情報の利用であるとか，会計情報自体に詳しくなかったりします。あるいは経営管理の知識が乏しかったりします。一方，他産業から介護事業への転職者がおられ，例えば金融機関からの転職であるとか，他の産業で社長をやっていたという方もおられます。そういう方の場合，経営管理能力がかなり高かったりするわけで，会計情報の使い方をよく知っていたりします。

そうなると，その経営者の能力の違いによって会計情報を使ううまさに違いが出てくるのではないかという観点で，介護事業者の組織業績の違いについてうまく説明できないかと考えました。

こういう観点から二つ研究をやっています。一つが経営者の特性，原価計算システムの機能性，それから組織業績。この三つの変数の関係を研究したものですね。

ここではどういうような関係を見ているのかというと，先ほど説明した原価計算システムの四つの機能性が組織の財務業績にまずプラスの影響を与える。これは先行研究でミナ・ピッチーニが2006年に発表しているのですが，まずこの関係を調べることにしました。ただし，この関係は常に成立しているわけではなくて，原価計算システムがいくら優れていても使う人の能力によって，組織の財務業績を大きく高めることもあれば，その逆もあります。この経営管理者能力が，財務業績との関係に影響を与えるということですね。

この研究では経営管理者の能力として，経営管理者の経験や教育を測定しています。経営管理者としての経歴が長い人や，経営管理教育を受けている人は，原価計算情報の使い方をよく分かっているので，原価計算システムの機能性が高いといろんな情報が扱えるから，財務業績を上げていくことができるだろう。逆に，そういった経験が少なくて，経営管理についての知識が少なくて，会計情報の使い方もあまり詳しくない経営管理者の場合には，いくら原価計算システムを充実させて質の高い情報を与えても，財務業績は改善しないだろうということです。経営管理の経験と教育を受けた長さに関する項目を含むアンケート調査と財務諸表データを結び付けたのがこの研究です。これは社会福祉法人を対象にやっています。

経営者の特性と原価システムの機能性について八つの交互作用があります。その八つの交互作用のうち，仮説どおり支持されたのが二つで，他は統計的に有意ではなかったり，仮設と逆の方向であったりということで仮説としては部分的にしか支持されませんでした。

インタビュー調査から，介護事業者では経営管理者の能力の違いによって会計情報の扱い方が大きく異なるのではないかと思っていましたが，実際にはそこまで劇的な変化が見られませんでした。これには，いくつか研究上の限界があり，後ほどまた説明します。

もう一つ，同じような発想でやった研究があり，ドイツの学会で発表しました。原価計算システムの機能性ではなく，予算管理の徹底度に着目しました。予算管理の徹底度というのは，例えばどれだけ頻繁に予算と実績の差異分析をやっているのか，あるいは管理者の予算の達成度と報酬をどの程度結び付けているのかということです。

予算管理の徹底度が，まず組織の財務業績に影響を与えると想定します。ただし，これについても，経営管理者の能力の違いによってその予算管理をうまくできるかどうかが変わってくるという観点から研究を進めています。社会福祉法人では，経営管理者の能力の違いがはっきり分かるので，仮説を検証しやすいだろうと考えました。

これについて検証した結果，経験が長い経営管理者は，予算管理の徹底度と組織の財務業績の関係を強めることができることが分かりました。より具体的に言えば，経営管理者としての経歴が長いと，うまく予算管理システムを使って組織の財務業績を上げることができるということです。これも社会福祉法人のデータを使って検証しました。

4 今後の研究の方向性

ここまでが，今まで助成金をいただいてやってきた研究の成果報告です。この介護事業の管理会計研究を今後どのように展開できるのかについて，これまでの研究上の限界を踏まえて三つの観点からまとめます。

まず先ほどご説明した研究の延長線上で，経営者の知識や能力をより正確に測定する必要があるということです。聞かれていて疑問に思われたかもしれませんが，経営者の能力としての経験年数の長さや，どれだけ経営管理の教育を受けたかというのは，正確な能力の測定値や，知識レベルの測定値にはならないわけです。例えば，大学で教えていると，4年間教育して管理会計がよく分かっている学生もいれば，分かっていない学生もいるわけです。そうすると，何年教育を受けたのかというのが，必ずしも会計情報を使いこなす能力と完全に相関しているわけではないですね。

したがって，経営者の能力をより正確に測定する必要があり，それを正確に測定できると，うまく仮説を検証できるのではないかと考えています。経営者の能力ではないのですが，監査論では公認会計士の知識や能力の測定についての研究が進んでいますので，その知見を生かすことが考えられます。

また，知識の多さを測定するときに，心理学において項目反応理論というものがあり，これを活用するのはどうかと考えています。これがもう一つの研究の改善の方向性です。ただし，これは別に介護業界を対象としなくてもできる話なので，もう少し介護と関連した展開として二つ説明します。

一つ目として介護事業者が，経営危機に際してどのような意思決定を行っているのかということです。最近は，介護事業の経営環境は非常に悪化していて，介護報酬のマイナス改定が行われています。それから，これはよく報道されていますが，人材不足に陥っていて，とにかく人が集まらないというのがあります。人が集まらないから事業を休止せざるを得ない。人が少なくなってきて事業を休止するとその法人が運営している他の事業にもしわ寄せがいき，さらに事業業績が悪化していくという負のスパイラルがあります。それに加えて，建設費が非常に高騰していて，新しく施設を建設したり，建て替えたりするときの費用が非常に高くなっています。

私は山形にいまして，東北の介護事業者にインタビューしていると，震災を経て危機に陥る法人

も結構あることが分かってきました。介護事業者，特に社会福祉法人であれば，なかなかやめたくてもすぐに事業をやめるのは難しいわけです。非営利組織としてやるべきことであるとか，その事業を休止した場合に利用者はどこへ行けば良いのかという話もあるわけです。社会福祉面と採算面という対立関係をどううまくマネジメントするのかというのが介護事業者では非常に重要な問題となっているので，会計情報を利用してどう危機に対処しているのかについてインタビュー調査をしているところです。

　そして，最後の方向性として，介護事業者の研究では組織間管理会計の観点から研究するのが非常に重要になってくると思います。特にネットワーク型です。厚生労働省が今進めているのは，住み慣れた地域で高齢者が尊厳を持って暮らしていけるために医療・介護・福祉が連携してサービスを提供していこうという地域包括ケアシステムです。必然的にさまざまな組織が連携して，ある地域に対してサービスを提供していくことになります。

　組織間管理会計というと，基本的にはバイヤー・サプライヤー関係だとか，サプライチェーンを想定した研究が進んでいますが，医療や介護をはじめ，この地域包括ケアシステムの話では，必ずしもバイヤー・サプライヤー関係があるわけじゃなく，ネットワーク型の組織間の関係を見ることができます。これは他国でも同じで，マネジメント・アカウンティング・リサーチの特集号で，パブリックセクターにおけるネットワーク型の組織間管理会計を対象としたものがありましたし，世界でも注目されている研究領域です。日本ではこれを観察するのが非常に容易です。というのは，厚生労働省自体が強力に進めており日本中で観察できるということと，社会福祉法人や医療法人はインタビューを受け入れてくれるところが多く，またアンケートの回答率も高いので，研究がしやすいのです。

　この観点から今は二つプロジェクトを進めていて，一つが電子カルテを地域で共有するICT関連の研究です。地域の医療・介護情報の共有とそのITシステムへの投資意思決定は一つの面白い研究領域だと考えており，神戸大学の院生だった岡田さんと横浜市立大学の黒木先生と一緒にやっているものです。

　もう一つが，別の会社を対象に日本大学の藤野先生と私，それから一橋大学の院生の井上君と3人でやっている研究で，地域における高齢者交通支援サービスの立ち上げについて研究しています。移動支援も地域包括ケアシステムの構築に資する取り組みです。これはアクションリサーチでして，社会福祉法人，山形市の社会福祉協議会，山形市役所，それから交通サービスも提供しているNPO法人と協力して，高齢者の交通支援サービスの立ち上げを進めています。このような交通支援サービスを立ち上げると例えば競合するバス会社・タクシー会社等の採算が悪化するというように，組織間の利害が対立しますので，そこをいかにうまくマネジメントして交通支援サービスを立ち上げるのかというところが，一つの面白いところになってくるのかなと考えています。

　こういったネットワーク型の組織間管理会計について，介護を対象にして研究をしやすいと思いますので，これから研究を進めていこうかなと思っています。

　これで私の報告は終わります。どうもご清聴ありがとうございました。

（了）

報告5

中小企業における管理会計の
導入状況について

山口直也（青山学院大学大学院　准教授）

1　会社概要について

　皆さんこんにちは。ただ今ご紹介にあずかりました，青山学院大学の山口と申します。よろしくお願いいたします。この度はメルコ学術振興財団，設立10周年おめでとうございます。また，この素晴らしい機会に，報告の機会を与えてくださり，

誠にありがとうございます。それでは早速，報告に入りたいと思います。

私が報告しますのは，中小企業における管理会計の導入状況についてということで，『産業集積地域を対象としたアンケート調査を基に』という内容です。このアンケート調査は，メルコ学術振興財団2015年度研究助成による財政支援を受けて実施いたしました。研究助成いただきまして誠にありがとうございます。この場を借りてお礼申し上げます。

このアンケート調査の対象地域は，こちらに示すように新潟県の燕三条地域と，東京都大田区，それから大阪府の東大阪地域でして，古くからある伝統的な産業集積地域である三地域を対象にアンケート調査をしました。この調査について，昨年の9月に日本管理会計学会スタディ・グループで最終報告書を出しました。関西大学の水野一郎先生を研究代表者として，6人の研究者によって中小企業における管理会計の総合的研究をテーマに行いました。アンケートはその一環で実施したもので，スタディ・グループのメンバーが，関西と，私東京と，それから新潟に所属しているということで，その三地域を選定しました。

調査目的は，ここに示すとおり三つあります。このうち，本日報告する内容は主に一つ目にある中小企業における管理会計の利用実態について全般的な傾向を明らかにすることになります。それに加えて若干ですけれども，産業集積地域での比較を通じて地域ごとの特徴も明らかにしていきたいと思っております。

調査対象の選定は各地域の域内産業の中で，企業を支援する機関のホームページに掲載されていた企業から行いました。従業員数は10人以上です。10人未満のものもありましたが，10人未満ですと家族経営みたいな形になりますので，公式的な管理会計情報の必要性は低いだろうということでそれを除外して，従業員数10人以上を対象としてアンケート調査を実施しました。2015年12月18日に発送し回答期限は2016年2月22日ということで，その結果を報告いたします。

次の八つについて調査をしましたので，一つ一つ見ていきたいと思います。まず会社概要について，送付企業数と回答企業数，回答率はこちらに示すとおり，トータル1,739社に送付いたしまして，163社から回答をいただきました。「燕三条」が40社，「大田区」が64社，「東大阪」が59社で，全体としての回答率は9.37％となり，こちらが想定していた以上に回答いただいたということになります。

製造業・非製造業別でいえば，この三つの産業集積地域はいずれも製造業をメインとする産業集積地域ですので，163社中，144社が「製造業」でした。製造業の業種を上位四つ取り上げてここで示していますが，最も多いのが「金属製品」で64社，次に「一般機械器具」が14社，「電気機械器具」が13社,「精密機械器具」が11社となっています。

創業創立からの年数は，やはり伝統的な産業集積地域ということで，社歴が非常に長い企業が多く，「25年超50年以内」が60社，「50年超」が94社ということになっています。

従業員数は50人以内が非常に多く，「30人以内」が93社，「30人超50人以内」が32社という状況です。一方で70人を超える，あるいは100人を超える企業もそれなりにいたということです。

資本金額ですが，最も多いのは「1,000万円以上5,000万円未満」ということになっています。ご存じの方も多いかと思いますが，やはり資本金額については，資本金1億円未満であれば税制上の優遇がありますので，それもあって1億円未満が多く，特にここに示すように1,000万以上5,000万未満という金額の小さい企業が多かったということです。

総資産額ですが，こちらは「1億円以上5億円未満」が66社，「5億円以上」が58社ありました。売上高ですが，最も多かったのは「1億円以上5億円未満」が74社，その次が「10億円以上」で38社，次いで「5億円以上10億円未満」で36社となっています。

製造業における顧客の特徴では，主な顧客が企業であるB to Bであって，「元請業者の割合が非常に高い」というのが78社で，半数近くを占め

ます。次に多いのが「主な顧客が企業で元請業者以外」というのが37社です。「主な顧客が企業で元請業者と元請以外がおよそ半々である」というのが21社で，「個人向け」というのが4社ありました。

製品の特徴では，中小企業ですので量産品よりもやはり「個別受注生産」の企業が非常に多く，110社ありました。

2　経営課題・経営管理手法について

ここでは，まず経営課題について見ていきます。経営課題について複数回答してもらっているのですが，赤字で示した部分である上から三つ目の「新規顧客の開拓」，それから「既存顧客の維持」というのは，収益基盤の維持拡大ということで整理できるかと思います。一方で，下から4番目にある，「技術力の維持・向上」，それから下から3番目の「優秀な人材確保」というのは経営資源の確保ということになります。この四つを重要な経営課題として捉えている企業が多く，つまり，経営資源の確保と収益基盤の維持拡大を経営課題と捉えている企業が多かったということになります。

次に，利用されている経営管理手法について見ていきます。経営管理手法については，「経営理念」，「ビジョン」，「中期経営計画」，「年度計画」といったものについて回答してもらいました。比較的多くの企業が何らかの手法を導入しているということは分かりましたが，このうち少なかったものを見ていきますと，赤字で示してある，「中長期の経営計画」と「戦略」ということで，この二つについて未導入の企業が比較的多いという結果になりました。これはやはり，製造業における製品の特徴として，個別受注生産が多く，個別受注生産ですと一品物でいつ注文が来るか分からず，なかなか長期を見通した計画が立てづらい。そういったこともあろうかと思います。

また，経理体制について見ていきます。一つの回答を期待していたのですが，複数回答される方もありました。「経理部署を設置しており，複数の職員を経理専任業務に配置している」という回答が68社と最も多かったのですが，全体の41.7％にすぎず，「親族等が1名で経理業務を遂行している」というのも52社（31.9％）ありました。

3　管理会計の導入状況とその必要性について

次に，管理会計の導入状況について，それから管理会計手法の導入の必要性について見ていきます。まず管理会計を導入しているかどうかについては，「導入済み」が106社で，「未導入」が53社ということになっています。ですので，全体の3分の2の企業が，何らかの管理会計手法を導入しているという回答でした。このうち，もともとの回答数に違いがありますが，比率で見ますと燕三条の導入済み割合が最も高いという結果になりました。ただし，カイ二乗値を算定したところ，統計的には有意な差ではありませんでした。

この導入済みか未導入かについて，それぞれの企業特性によってどのように異なるのかということを整理してみます。上から見ていきますと二つ目の「従業員数」のところを見ていただくと，やはり，従業員数の比較的多い企業の方が，導入済みの割合は高いということが分かります。それから下から二つ目の「総資産」についても，総資産の多い企業の方がやはり導入比率は高くなっています。また，「売上高」についても，売上高の多い企業の方が，導入比率は高くなっているということが見えました。

次のページですが，「経理部署を設置しており，複数の職員を経理専任業務に配置している」企業の導入率が75.4％ということで，やはり経理面の体制がしっかりしているところの方が，導入比率が高いということが見えました。ただし，統計的に有意な差かどうかということでカイ二乗検定を行いましたが，いずれの要素についても有意差は認められなかったということになります。

それから管理会計手法の見直し・導入の必要性について見ていきます。「見直し・導入の必要性あり」という回答が57社で，「見直し・導入の必要性なし」というのが84社ということで，およそ40％が，見直し・導入の必要性ありと回答しています。これを管理会計手法の導入済みか未導

入で比べても，およそ同じ程度ということになっています。

次に，管理会計手法の見直し・導入の必要性について，地域ごとの差があるかどうかということを見ていきます。「導入済み」と回答した企業のうち，「見直し・導入の必要性あり」と回答した企業の割合は，「東大阪」は17社51.5％，「燕三条」は7社26.9％と東大阪が高くて燕三条が低いという回答結果でした。

一方，「未導入」と回答した企業のうち，「導入の必要性あり」と回答した企業の割合は「東大阪」では4社26.7％にすぎないということでした。ただ，こちらもカイ二乗検定を行いましたが，いずれも統計的な有意差は認められませんでした。

4 管理会計の個別技法の導入状況について

次に，管理会計手法の導入状況について，より詳細に見ていきます。この表は基本的な管理会計手法の導入状況について示したものです。赤字で示した部分は導入社数が多いものということで，「損益測定」が135社，「資金管理」が130社，「原価計算」が122社です。ただし，このうち原価計算については「財務諸表作成目的」の導入も含んでいるということで，純粋に原価計算を「管理会計目的」で使っているとは限りません。これはまた後で見ていきます。

そして，管理会計の導入の有無において，「未導入」と回答している企業の中にもいずれかの手法を導入していると回答している企業が存在しており，この点が先ほどの回答とずれがあります。先ほど管理会計の導入の有無ということで，「導入済み」と回答していただいた企業は106社ですが，実際の導入状況を見ると「損益測定」の135社であるとか，「資金管理」の130社であるといったように，回答にずれがあります。

次に予算の導入状況に関して，順に「予算の種類」，それから「業績評価」，「予算実績差異分析」を示しています。これを次の4点に整理します。まず，予算の導入状況についてです。「予算を導入している」との回答が88社ありました。このうち，「会社全体のみの予算導入」が59社と最も多く，「事業単位」，「製品・サービス単位」，あるいは「部署単位」でも作成しているとの回答が合計で29社ありました。ということで，きめ細かに予算編成をしている企業もそれなりにあったということになります。それから二つ目で，予算の対象期間について，「年度予算のみ」が39社と最も多い回答数となりましたが，少なくとも「月次予算」まで作成しているという回答も39社あり，こちらもかなりきめ細かに予算を作成しているという状況がうかがえました。

3点目として，予算の種類についても同様の傾向がありました。「損益予算のみ」というのが40社と最も多かったのですが，「損益予算に加えて資金予算を作成」しているというのが33社あり，それから「損益予算，資金予算に加えて資本予算を作成」しているというものが14社ありました。

それから4点目として，業績評価，予算実績差異分析についてです。これは「予算を作成している」と回答した企業88社のうち，79社が「業績評価を行っている」と回答しました。「全体業績のみ」が46社と最も多かったのですが，「事業単位」，「製品・サービス単位」，あるいは「部署単位」でも業績評価を行っているという回答が合計で33社ありました。

以上が，予算の業績評価についての概要になります。続きまして，損益の測定状況と損益測定の対象期間です。集計結果はここに示すとおりで，それを整理したものが次のページになります。まず，損益の測定状況について，「損益を測定している」という回答が135社ありました。このうち「会社全体のみ」が86社と最も多く，「事業単位」，「製品・サービス単位」，あるいは「部署単位」でも測定しているとの回答も合計で49社ありました。

それから，損益測定の対象期間について，「年度単位のみ」が40社と最も多かったのですが，予算編成と同様，少なくとも「月次単位」まで損益を測定しているという回答が83社に上っています。

ここからは原価計算関係についてです。まずは，原価計算の導入状況です。先ほど「原価計算を導

入している」のが122社あるという回答でしたが，「財務諸表作成目的のみ」という，いわゆる財務会計目的で原価計算を行っているのが56社あり，「財務諸表に加えて製品・サービス単位でも行っている」という，いわゆる管理会計手法として導入しているのが66社であったということになります。

次に，原価計算の実施方式について，複数回答してもらいました。こちらについては，「現在のままでよい」というのが54社で最も多かったのですが，「何らかの管理会計目的の原価計算を導入したい」という企業も一定数ありました。「価格設定に役立つ原価計算を導入したい」というのが31社，「損益把握に役立つ原価計算を導入したい」というのが28社，「原価管理に役立つ原価計算を導入したい」というのが20社ありました。

それから原価計算の目的で，先ほど赤字で示した66社の財務諸表に加えて，「製品・サービス単位で原価計算を行っている」という回答について，どのような目的で原価計算を行っているのかについて，回答してもらったのがこの表のとおりです。

原価計算に関して次のとおり3点から整理します。一つ目が，原価計算の導入状況について，「原価計算を導入している」という回答は122社あり，先ほども触れましたが「財務諸表の作成目的のみ」が56社で，「製品・サービス単位での原価計算を行っている」との回答が66社にすぎませんでした。二つ目として原価計算の実施方式について，これは「現在のままでよい」というのが54社で最も多かったのですが，「価格設定」，「損益把握」，「原価管理」に役立つ原価計算を導入したいという回答が20～30社あったということです。三つ目として，原価計算の目的で，「財務諸表に加えて製品・サービス単位で原価計算を実施している」と回答した企業66社に対し，原価計算目的を尋ねたところ「価格設定目的」が41社，「損益把握目的」が39社，「原価管理目的」が34社ありました。地域間の比較を見ますと，東大阪について「原価管理目的」の回答が19社で多いということが分かりました。

続きまして原価管理の導入状況について，「製品・サービス単位で原価管理を行っている」というのは63社ありました。その中で「全社的に行っている」というのが26社あったということになります。具体的に，どのような原価管理手法を導入しているのかということで回答していただいたところ，「標準原価計算に基づく原価管理」が41社ということで最も多かったです。その次が「原価改善」，それから「予算に基づく原価管理」がともに18社，「特殊原価調査に基づく原価管理」が15社，「原価企画」が12社ということになっています。

導入している原価管理手法について，地域間の比較を見ますと，大田区では「特殊原価調査に基づく原価管理」が多く8社でした。東大阪では「原価企画」が多く6社でした。また「活動基準原価計算に基づく原価管理」というのが4社ありましたが，全て大田区でした。

続きまして，資金収支の測定状況とその対象期間についてのアンケート結果です。まず資金収支の測定状況について，「資金収支を測定している」との回答が130社ありました。このうち「会社全体のみ」が118社と最も多かったです。「事業単位」，「製品・サービス単位」，あるいは「部署単位」でも測定しているとの回答は12社にすぎませんでした。次に，資金収支測定の対象期間については，「年度単位のみ」が33社と最も多かったのですが，少なくとも「月次単位」まで資金収支を測定しているとの回答が82社に上っているということで，期間については，きめ細かく資金収支を測定している企業が多かったということになります。

最後に，その他の管理会計手法の導入状況について述べます。これは複数回答によります。後で回答を確認して，「アメーバ経営」を項目として入れておけば良かったのですが，このような状況になっています。多いほうから見ていきますと，「設備投資の経済性計算」が13社，「バランスト・スコアカード」，「品質原価計算，品質コスト管理」がそれぞれ11社，「活動基準原価計算」，「スループット会計，付加価値会計」が3社，それから「マテリアルフローコスト会計」，「ライフサイクル・

コスティング」が1社という順になりました。それから，先ほど少し触れましたが，東大阪については「その他」との回答が3社あり，このうち2社が「アメーバ経営」という回答をしております。

5　見直しや導入が必要な管理会計分野について
　ここでは，見直しや導入が必要な管理会計分野について整理します。赤字で示した箇所は回答数が多いところで，「原価管理」が64社と最も多く，次に「原価計算」が59社，それから「損益測定」が52社，「資金管理」が50社の順に多いという結果になりました。

　それから，先の管理会計の導入の必要性において，「見直し・導入の必要性なし」と回答した企業の中にも，本設問に回答した企業があり，これも回答にずれが出ているということになります。この必要性のあり・なしについて，それぞれの管理会計手法の導入状況との関係で，整理したものが次の表ということになります。上が，「予算編成」と「業績評価」と「原価計算」と「原価管理」それぞれについて，導入している企業と未導入の企業それぞれについて，必要あり・なしを整理したものということになります。カイ二乗検定を行ったところ，予算編成について，5％有意の水準で，既に「予算編成」を導入している企業の方が，必要性ありと回答している比率が高いという結果になりました。未導入の企業は必要なしと回答している企業が多いという状況になっております。

　先ほど「原価計算」と「原価管理」の状況について説明しましたが，「原価計算」については，財務諸表作成目的のみで原価計算を行っている，それから製品・サービス単位も原価計算を行っている，この二つのグループがあるわけですが，その二つのグループで必要性のあり・なしの回答に有意な差があるかどうかを整理しています。これを見ていただきますと若干ですけれども，製品・サービス単位で原価計算を行っている企業の方が必要性ありと回答している比率が高いということになっています。

　一方，「原価管理」について，製品・サービス単位で原価管理を行っている，全社的に原価管理を行っている，この二つのグループで見て回答間で必要あり・なしの差があるかどうかを見ます。やはり，製品・サービス単位で原価管理を行っている企業の方が必要ありと回答している企業の比率が高くなっています。ただし，カイ二乗検定を行ったところ，統計的に有意な差はなかったということになります。

　ということで整理しますと，「予算編成」，「業績評価」，「原価計算」，「原価管理」についてそれぞれの導入状況（導入，未導入）と見直し・導入の必要性（必要あり，なし）の関係性のカイ二乗検定を行ったところ，予算編成については5％水準で有意差が認められました。

　それから「原価計算」については，先ほども触れましたが，原価計算の目的と見直しの導入の必要性の関係性についてカイ二乗検定を行ったところ，特に有意差は認められませんでした。

　「原価管理」について，原価管理の対象（製品・サービス単位，全社的）を，見直し・導入の必要性の関係性のカイ二乗検定を行ったところ，有意差は認められなかったということになります。

　最後に結論です。本調査から得た知見ということで四つ挙げることができるかと思います。まず一つは，基本的な管理会計手法について，比較的多くの中小企業が導入している状況を確認することができました。二つ目として，会社の規模，顧客の特徴，製品の特徴，経理体制と，基本的な管理会計手法の導入状況の関係性について，統計的に有意な関係性は認められませんでした。三つ目として，少数ではありますが，高度な管理会計を導入している中小企業が存在することを確認することができました。四つ目に，見直しや導入が必要な管理会計分野があると考える中小企業が相当数存在することを確認することができました。

　一方で，本調査については限界があるということで，先ほども少し触れたところもありますが，まず，本調査では，管理会計を活用していない，もしくは管理会計に対する理解が乏しい中小企業の多くが回答しておらず，結果的に導入比率は比較的高かったのですが，実際の中小企業全般で見ると，やはりそれほど高くないのではないかとい

うことで，回答企業は管理会計を活用している企業に偏っている可能性が考えられます。それから二つ目が，本調査では回答内容に，先ほども触れましたが食い違いがいくつか見られることから，調査結果の正確性に若干の疑問があるということになります。

参考文献は以下のとおりです。この調査の単純集計結果については，日本管理会計学会のスタディ・グループの報告書の一つの章で私が文章に残しています。日本管理会計学会のホームページからダウンロードできますので，そちらも合わせてご確認いただければと思います。以上で報告を終わりにします。ご清聴ありがとうございました。

(了)

報告6

スタートアップ企業におけるマネジメント・コントロール・システムの採用とその精緻化について

福田淳児（法政大学　教授）

1　研究の背景

法政大学の福田と申します。本日はメルコ学術振興財団様より，このような機会を与えていただき，本当に感謝しております。

私の研究は『スタートアップ企業におけるマネジメント・コントロール・システム（MCS）の採用とその精緻化』についてです。2014年度に，メルコ学術振興財団様より，共同研究者と2人で研究助成をいただいて，主に国内で，また海外での聞き取り調査を実施しました。昨日，メルコ学術振興財団様のご説明の中にもありましたが，なかなかインタビュー調査を受け入れていただける企業が少ないのと，せっかく受け入れていただいても聞き取り時間の関係で論文にまで結び付けられるようなケースが少なかったという経緯があります。本日はその中で，上場された株式会社エニグモの実例を交えながら，スタートアップ企業においてマネジメント・コントロール・システムがどの程度採用されて，それがどのような要因またプロセスで精緻化していくのかという問題について報告をさせていただきたいと思います。

本研究の大きな目的は，スタートアップ企業において，マネジメント・コントロール・システムの採用およびその精緻化をもたらした要因は何なのか。実際にその精緻化が行われているとして，その精緻化のプロセスとは，いかなるものなのかを明らかにすることです。

ここで今，スタートアップ企業やマネジメント・コントロール・システムの精緻化という言葉を使っていますが，後でもう少し言葉の定義，こういったものが一般的にスタートアップ企業と呼ばれるものであり，精緻化というのは一般的にこういった概念であるという定義をいたします。大きな研究目的について説明いたしました。

研究の背景ですが，今回の報告の場では，山口先生は中小企業を扱っておられましたが，全体的な管理会計研究の中で言うと，やはり中小企業を対象にした研究というのはまだ少ない状況です。多くの管理会計研究で行われてきた対象は，大規模で成熟化した企業および事業部門になると思います。アンケート調査の対象としても，東証1部，2部の上場企業が多く，それらは規模が大きく，ある程度成熟した企業です。ここに紹介しているように，大規模でもう既に成熟している企業では，組織の中で既に確立したマネジメント・コントロール・システムが存在していることが前提とされており，この共通認識のもとで研究がなされていると思います。その上で，企業や事業部門を取り巻く環境や，企業の採用するコスト・リーダーシップ戦略とか差別化戦略という事業戦略の違いが，企業や事業部門において実際に使われる予算管理システムや業績管理システムの使い方にどのような影響を及ぼすのか，さらには，その利用方法が組織成果に対してどういった影響をもたらしているのかについて，例えばロバート・チェンホールとか，ロバート・サイモンズによって明らかにされています。確かに新しいマネジメント・コントロール・システムの導入というのが，こういった大規模企業を対象とした研究もあります。そこ

では，例えばバランスト・スコアカードを導入しますというときにも，既存のマネジメント・コントロール・システムがあるのが前提で，その上でバランスト・スコアカードを導入するといったときに，この後に組織の中にどう定着するのか，他のシステムとの関係はどうなるのか，といったことが主に問題とされてきたのがこれまでの大きな研究の流れだと思います。

ここでは，それとは異なり，スタートアップ企業を対象にしたいと思います。スタートアップ企業といえば人によってさまざまな定義がされる場合もありますが，一般的には，大まかな基準として創業10年未満の企業がスタートアップ企業と呼ばれています。規模にしても，かなりばらつきはありますが，例えばアントニオ・ダビラの2005年の研究であるとか，日本の研究では新井先生方が行われた2012年の研究では，10人以上を大体対象としているようです。この他にアントニオ・ダビラとジョージ・フォスターによる2007年および2009年の研究では50人から150人ぐらいの規模の企業を対象として，調査研究が行われています。あくまで調査研究をするときの対象として，範囲を絞っているという意味で大体この程度の規模をスタートアップとして，これまでの研究で呼んできたということです。

先ほど，成熟化した企業でのマネジメント・コントロール・システムについての議論を少し紹介しましたが，実はスタートアップ企業の直面する問題は，大規模企業の有する問題と異なる可能性があります。大規模企業では既に確立したマネジメント・コントロール・システムを持っていますけれど，スタートアップ企業では，どの時点で，どういったことが要因となって非公式的なマネジメント・コントロール・システムが公式的なものになるのか。それらが実際に組織の中にどう根付いていって，発展しているのかは大きな問題です。

新しいマネジメント・コントロール・システムの採用に関しても，既存のマネジメント・コントロール・システムの中に埋め込むのではなく，全く新しく採用するという機会もありますので，そういったときには最初にどういったマネジメント・コントロール・システムを採用したのか，またどういったマネジメント・コントロール・システムを中心に運用しているのかが，それ以後の組織に与える影響も，考慮すべき一つの点として挙げられると思います。

マネジメント・コントロール・システムの大まかな定義ですが，ここではかなり広くマネジメント・コントロール・システムを考えようと思います。ティム・マルミやデービッド・ブラウンによって定義されているように，組織の従業員の行動や意思決定が組織目的や戦略と首尾一貫することを確実にするために利用される，全ての装置やシステムを含むと捉えます。文化であるとか，サイバネティック・コントロールであるとか，組織構造なんかも含んで広い範囲でマネジメント・コントロール・システムを，ここでは考えています。

2　文献のレビュー

管理会計研究において，スタートアップ企業を対象とした研究が行われだしたのは，比較的最近です。そこでの主な研究の目的は，マネジメント・コントロール・システムの起源とか，それがいつ採用されたのか，その発展の問題を明らかにしよう，また，その採用が組織成果にどういった影響を及ぼしているのかを明らかにしようということでした。ここでは，過去の研究レビューを簡単に行います。マネジメント・コントロール・システムの採用に影響を及ぼした要因として，論者によってこれまでよく取り上げられてきたのは，従業員数です。従業員が増えて，規模が拡大することで企業はマネジメント・コントロール・システムを採用します。

これは人数が増えれば，お互いに情報交換したり，それに基づいて意思決定したりするときに，きちんとした情報の伝達手段がないと情報の伝達も意思決定も遅れます。また従業員を管理するときにも，そのまま任せるわけにはいかないので，彼らを動機づけコントロールするためにもマネジメント・コントロール・システムが必要になるということです。それと関連する変数として，企業の創立からの経過年数も採用に大きな影響を及ぼ

しています。ただし，ダビラの研究では，企業規模を一定とすると，企業の創立からの年数が長くなればなるほど，逆にマネジメント・コントロール・システムはあまり採用されない傾向も明らかにされています。新井先生方の研究では，実は規模ではなく，創業初期において従業員にどの程度職務を割り振っているかが，マネジメント・コントロール・システムの採用に影響を及ぼす要因になるとされています。

その他にも，組織のライフサイクルの段階と，他のタイプのコントロールとの関係に関する研究があります。同じような目的を果たすマネジメント・コントロール・システムが既に存在しているときには，その他の同じような系統のマネジメント・コントロール・システムは採用されにくいのですが，それと違ったマネジメント・コントロール・システムというのは採用されやすいとされています。また，トップマネジメントの志向性，つまり創業当初にトップマネジメントが持っている従業員に対する考え方とか，企業の将来像に関する考え方というのはマネジメント・コントロールの採用に大きな影響を及ぼす要因です。

あと，ベンチャーキャピタルの存在。これはやはりベンチャーキャピタルのタイプによるのですが，資金を投入した企業に対して「こういったマネジメントの仕組みを導入したらどう？」とかいうことを言う場合があるので，ベンチャーキャピタル自体がマネジメント・コントロール・システムの採用と結び付いている可能性があります。ベンチャーキャピタル自体も投資を行うときに，その企業にどんなマネジメントのシステムがあるのかを一つの評価基準にしていることも，研究で明らかになりました。

IPO，株式の上場も一つ大きな経緯となります。国によってはかなり違うのかもしれないのですが，日本ではIPOするにあたって，ある程度経営のための管理システムをちゃんとしましょうというのがありますので，これは日本では大きな要因だというのは事前に想像がつきます。

マネジメント・コントロール・システムの採用が，組織業績に及ぼす研究として，両者の関係を明らかにしたダビラとフォスターによる研究があります。同時に，他の研究の中では，実はマネジメント・コントロール・システムを導入したから業績がいいとかそういう関係ではなくて，既に成長のかなり以前の段階でマネジメント・コントロール・システムは導入されているという研究もあります。

スタートアップ企業の研究の中で，残された課題としては，実際にマネジメント・コントロール・システムを採用したのはいいのですが，その後企業が成長していく中で，マネジメント・コントロール・システムが精緻化されていくプロセスがあると考えました。それについては，ダビラの研究にもあるように，まだ十分に明らかにされていないのです。もう一つこのテーマを扱う大きな意味としては，スタートアップ企業に対する支援は，企業をいかにして起こすのかというところが多いようです。しかし，実際に見てみると起業しても，上場までに至る企業はほとんどないようです。ある程度の規模でずっと続くか。なかなかそれが成長してうまくいくというよりは少ないのだけども，実はマネジメント・コントロール・システムはそのプロセスで重要な役割を果たすのではないかというのが私の基本的な考え方です。それを明らかにすることで，スタートアップ企業の成長に関する話にも貢献できるのではないかと思います。

その他，問題となるのは精緻化という概念についてです。これに関して，いくつか研究を紹介いたします。原価計算システムの精緻化に関する研究，これは正確な製品原価を測定するという目的があるので，それに対して，例えばコスト・ドライバーの数がどれくらいありますか，コスト・プールの数はどの程度ですかといった研究があります。ジョン・ブリアリーらの研究では，企業の中で精緻化がどのように捉えられているかと聞いたところ，企業によって精緻化の意味するところがかなり違うということが分かりました。製品原価を正確に計算することを精緻化の意味だと考えている企業もあれば，そうではなく製品原価も計算するけれどもその情報をいろんな管理会計目的に使っている，それを精緻化だと言うところもあり

ます。また，両者を含めて精緻化と言う企業もあります。リチャード・ロビンソンとジョン・ピアスの研究は，戦略的計画活動の精緻化を，質問票調査で明らかにしようとしています。短期の利益計画がありますとか，それに対して責任を持つ部署がありますかと尋ねているのですが，項目を見ていくと，6点の尺度になっているものの，本当に1点が精緻化が低くて，6点が高いのかというと，必ずしもそうではない可能性があります。ここでは主に，品質計画設定に関するラムの研究を使いたいのですが，ラムは，品質計画の精緻化を手続きがどの程度公式化されてスケジュールどおりに決まってやられているか，また書面といったきちんとした報告書という形で存在しているかということを精緻化の尺度として捉えています。

今回の私の研究では手続きがどの程度，スケジュールを含めて公式化され，きちんと決まっているか。それに対して，書面などできちんとした報告書が出されているかというのを精緻化の尺度として考えたいと思います。

3 研究方法と研究対象

本研究ではケース研究という形で研究を進めています。本研究の目的は，マネジメント・コントロール・システムの精緻化の要因とかプロセスを明らかにすることにあります。しかし，現時点ではまだ郵送質問票調査をするような研究データの蓄積もありませんので，ケース研究を行いました。こういう研究だと比較的，経時的な研究となり，どうしても長い時間での研究が必要になってくるのですが，スタートアップ企業を対象として良かったのは，若い企業なので，まだ経営者自身が創業者である企業が多いのです。その人が創業当初からのことを知っているという状況もあるので，こういったケース研究，インタビュー調査を行いました。

4 ケースの紹介

対象になったのは，株式会社エニグモという会社です。この企業はインターネットビジネスの企画開発，運営を行っている会社です。『BUYMA』というサービスを行っています。使った方がおられれば分かりやすいと思うのですが，どういったサービスかというと，例えば，私がイタリアかどこかに行って，「これってものすごくいい商品だよね」と思うものを，インターネットに上げます。「イタリアでこういう商品見つけたのですけど，欲しい人いますか」と。もし，日本にいる人がそれを欲しければ，「それ買います」と言えば，私が実際に買ってそれを送ります。そして，私のところにその料金が入ってくるという仕組みです。それの仲介をはじめ，途中のことを全部やってくれるのが，この『BUYMA』というサービスであり，エニグモがそれを行っています。

エニグモは2004年創業です。エニグモは2004年に4人のメンバーで創業されています。2008年までが，事業の拡大と成長の段階です。それ以後は企業が拡大したことにより，いろいろな問題にぶつかって，事業の選択と集中を進めていきます。最終的に選択と集中を進める中で，先ほどの『BUYMA』というサービスと，それ以外に実は広告事業などもインターネット上でやっていましたが，それを全部やめて，『BUYMA』というサービスに集中して，2012年に東証マザーズに上場しました。

売上高は，少し2011年，2012年で落ちているのですけど，全体的には比較的順調に伸びています。従業員数も，当初は自分たちだけでやっていて，1人2人の従業員を雇っていただけですが，2008年ぐらいに広告事業をやることで人が急に増えました。また，事業を集中することで，少し人が減りましたが，その後は緩やかに増えていっています。マネジメント・コントロール・システムの話ですけど，ここでは，大きくは経営理念，人材の採用，人事評価システム，予算の話と，分けて話をしていきます。

まずは，エニグモの経営理念についてです。創業当初から，創業者の2人である須田氏，田中氏が『BUYMA』の着想を得た時点で既に確立しているのですが，会社の設立時である2004年に明文化されました。「インパクトのある新しいビジネスの創造を通して社会に活力と楽しさを提供す

る」，これが経営理念です。人のモノマネではなくて，新しいことをどんどんやっていこうということです。共同創業者という，全く同等の2人の創業者で「事業を始めたのは，自分たちが初めてだよ」とか，他にもいろいろ新しいことを取りあえずやっていこうという会社です。この経営理念が，後で話しますように人事評価や採用に対して大きな影響を及ぼしています。

　新しいことにどんどん取り組んでいくことに，真摯に共感してくれる人が欲しい。これが人材の採用基準です。ただ，実際の人材の採用プロセスを見ると，大きく変わっているのは以下の点です。会社ができた当初は，ほとんどの場合でもそうなのかもしれないですが，自分の知り合い，または知り合いの知り合いぐらいを採用しています。特に「エニグモという面白い会社があるし，あそこに向くのでは？」と言われて来た人が多いので，最初の段階では比較的エニグモのカルチャーに共感している人が多く集まっています。だから，その段階では面接は一応しても，別に書類選考をするというわけではなくて，面接を1回なり2回して採用に至るということです。

　ただし，2008年ぐらいに広告事業を始めます。広告事業を行うために，より多くの人材を採用することが必要になります。エニグモでは，人材会社を使って採用するのですが，今までとは異なり，自分たちのあまり知らない人が多く応募してきます。それを選考するために人材担当の役職が設置されて，面接のフローがきちんと整備されるようになりました。金田氏という執行役員の方で，実際に我々がインタビューしたのは入社4年目のときですが，彼自身の採用までに3回の面接が行われました。1回目は取締役と，入社後に所属する予定の部門長が，どういう経歴でどういう考え方で仕事をやってきたのかについて聞きました。2回目は役員と人事担当者が，どういった人間関係が大事だと思うかであるとか，自分がどういったことに気を付けて人間関係を築いてきたのか，ということを中心に面接を行いました。3回目は，当時は代表が2人いたので両代表と面接を行ったのですが，両代表がエニグモカルチャーにどの程度共感している人かを基準に，面接を行う形になっています。こういった3回の面接を通らないと，採用に至りません。

　次に，人事考課制度ですが，これも大きく変わっています。規模の拡大に伴って，エニグモが組織的な問題に直面したのは2009年のことです。もともと給与水準は売上高，利益という財務的な数値だけに基づいていました。要は，売り上げを上げれば，給料が上がるし，役職も上がるという形です。ただし，これだと，本当にエニグモの理念に共感してエニグモのカルチャーが分かっている人が必ずしも上の役職になってきたわけではありませんでした。いろいろな組織上の問題が，それによって引き起こされてきました。

　2009年以後に人事考課制度がどのようになったのかというと，今度は財務的な評価指標だけではなくて非財務的なもの，エニグモカルチャーにどの程度共感して仕事をやっているかということまで評価項目に含めて，実際の人事考課が行われるようになりました。エニグモにとって，リーダーになってほしい人を評価するための基準に変わったということです。

　予算編成プロセスも当初は直観や思いがものすごく強く働いていて，須田氏，田中氏というトップが，「次年度，これだけの目標売上高でいくぞ」，「分かりました，そしたら各部門はこの数字で」というふうにトップダウンでやっていく形だったのが，IPO以降は折衷方式といいますか，上から予算編成方針を出して，下から部門の予算案を作ってもらい，その後に交渉をしていくという，予算編成の仕方に変わりました。須田氏によると現場のきちんとした積み上げと，会社として求めるレベルとのすり合わせによって，現場のコミットを持った成長性のある予算を目指しているというのが，主な予算の内容です。

5　ケースの検討

　ここからケースの検討に入りますが，会社設立後に，経営理念はすぐに明文化されました。経営理念というのが，他の人材の採用，人事考課制度に強い影響を及ぼしています。トップマネジメン

トチームが，特に経営理念を強く意識してマネジメント・コントロール・システムを作っていると言えると思います。実際の人事考課でも，従業員がエニグモカルチャーにどの程度，納得しているのかということを，大きな評価基準としていることからも，経営理念の影響を理解できると思います。人材採用のシステムというのは，広告事業における人員増加が一番大きな引き金になっています。人員増加のためにかなり広くから人を集めなくてはいけなくなって，人材採用のプロセスが一連の手続きとして制度化されて担当部署もできました。ただし，エニグモのカルチャーに合った人を採用するという点において妥協はされていません。

　人事考課制度も，2009年頃にエニグモが直面した組織的な問題のために，大きく変更されました。最初は財務的な項目だけで評価されていたものが，財務的な項目と同時に非財務の項目を合わせて評価されるようになりました。これが精緻化なのかというと，少なくとも当初思っていた精緻化の定義には当てはまりません。確かに項目は複雑化しましたが，必ずしも定義には合わないので，どのように考えるかについて検討が必要です。

　予算制度に関してはIPOをきっかけにして，トップダウン方式から折衷方式に変化しました。全社予算を各部門に展開する際にエクセルのスプレッドシートを使って，そこに書き込むような書面ができて，そのやりとりによって予算編成がなされるようになっています。エニグモで面白かったのは，上場を目指して途中で管理会計の専門家を幹部として雇います。しかし，1回目に上場しようというのが流れてしまい，その段階でその人が辞めてしまいます。当初はその人が，予算システムを運用するのですが，その人が組織を退出してしまってから，今度は他の人が同じことをやらないといけないけど，自分たちでどうすれば良いのか，ということで，人的なものから組織プロセスに置き換わっていったという経緯もあります。

　他の研究では，専門家を採用することをマネジメント・コントロール・システムの採用の一つの原因であるというのもあったのですが，この研究では採用も一つの要因ですが，その人が組織から退出することも，人的なものからマネジメント・コントロール・システムが公式化していく一つの要因だったということがいえます。

6　まとめと今後の課題

　マネジメント・コントロール・システムの精緻化をもたらす要因として，規模の拡大，IPOとか，専門的な人材の参入や退出，ということを考えています。本研究の貢献としては，マネジメント・コントロール・システムの精緻化にどういった要因が影響を及ぼしているのかについて，スタートアップ企業を対象としたインタビュー調査で明らかにしたという点があります。今後の課題として，これは一つの事例なので，さらに他の事例研究を行うことです。また，既に私の師匠から，「精緻化の概念についてきちんと整理すべきである」という指摘を受けています。精緻化については，先行研究も含めて，私が見た範囲では確定したものはまだないようですので，そのあたりも含めて今後研究をしていければと思います。

　以上で発表を終わらせていただきます。ありがとうございました。

（了）

研究論文

わが国のマネジメント・コントロール研究の文献分析
―― わが国企業実務に焦点を当てて ――

横　田　絵　理[*]
乙　政　佐　吉[**]
坂　口　順　也[***]
河　合　隆　治[****]
大　西　　　靖[*****]
妹　尾　剛　好[******]

要旨：本研究は，わが国企業実務に言及した研究に焦点を当てつつ，管理会計領域におけるわが国のマネジメント・コントロール研究の現状を明らかにすることを目的とする。本研究の目的を達成するために，わが国主要会計雑誌7誌に2011年から2015年までに掲載された論文を対象として文献分析を実施した。具体的には，研究対象（わが国企業実務への言及の有無・地域・研究サイト・組織の範囲・技法），ならびに，アプローチ（研究方法・理論ベース）の2点から，わが国のマネジメント・コントロール研究の現状を示すとともに，わが国企業実務を明示した研究の特性を考察している。

キーワード：マネジメント・コントロール，研究対象，研究方法，わが国企業実務，文献分析

1　はじめに

マネジメント・コントロールは，企業における計画（プランニング）活動および統制（コントロール）活動に関する実務を把握するために，Anthony (1965) において提唱された概念である。Anthony (1965) は，マネジメント・コントロールを「マネジャーが，組織の目的達成のために資源を効果的かつ能率的に取得し，使用することを確保するプロセス」（Anthony 1965, 17）と定義している。Anthony (1965) 以降，マネジメント・コントロールは，欧米の管理会計分野において，中核を担う研究トピックとなっている（尻無濱 2011；横田・金子 2014；Merchant and Otley 2007）。

また，欧米の管理会計分野において，マネジメント・コントロールに関する研究が進められる中で，Anthony (1965) によって唱えられたマネジメント・コントロールは，ビジネス環境の変化とともに変質している（Chenhall 2007）。例えば，Simons (1995) は，トップ・マネジメントの意向の変化にマネジャーの注意を向けるために実行される，トップとマネジャーとの対話によるコントロールとして，新たにインターラクティブ・コントロールを提示している。

他に，予算のような会計コントロールを中心に捉えてきた Anthony (1965) のマネジメント・コントロールへの批判から，会計以外のコントロールを包含する枠組み（Merchant 1998）や，さまざまなコントロールを相互に関連するパッケージとする枠組み（Malmi and Brown 2008）も現れている（福嶋 2012）。

わが国の管理会計研究にて扱われるマネジメント・コントロールもまた，欧米の研究動向の影響

---

[*] 慶應義塾大学商学部　〒108-8345　東京都港区三田2-15-45
[**] 小樽商科大学商学部
[***] 名古屋大学大学院経済学研究科
[****] 同志社大学商学部，Vrije Universiteit Amsterdam
[*****] 関西大学大学院会計研究科
[******] 和歌山大学経済学部

を受けて多様化している。マネジメント・コントロールが多様化する中で，バランスト・スコアカードやアメーバ経営のような新たな管理会計技法への注目（谷 2013；横田・妹尾 2012），あるいは，国内の単一の組織から海外の組織や複数の組織間への拡張（坂口ほか 2015；松木ほか 2014）といったように，わが国のマネジメント・コントロール研究における研究対象や内容もまた拡大しているといえる。

しかしながら，マネジメント・コントロール概念の多様化とともに研究対象や内容を拡大させているため，現状において，わが国のマネジメント・コントロール研究が全体としてどのような様相を呈しているのかは明らかではない。特に，わが国において海外発の概念を研究するに際しては，わが国もしくはわが国企業に固有の実務（「わが国企業実務」）を意識しなければならない（上總・長坂 2016；廣本ほか 2012）にもかかわらず，わが国のマネジメント・コントロール研究においてわが国企業実務に言及している論文がどの程度あるのかも明らかにされていない。

したがって，今後のわが国の管理会計研究を進展させる上で，わが国企業実務への言及の有無を踏まえつつ，わが国のマネジメント・コントロール研究を，「何を研究対象としているのか」「研究対象に対してどのようにアプローチしているのか」という観点から把握しておくことは有用であろう（上總・澤邉 2006）。

以上から，本研究では，文献分析を通じて，わが国のマネジメント・コントロール研究に関して全体的な傾向を示すとともに，わが国企業実務を明示した研究の特性を考察することによって，わが国におけるマネジメント・コントロール研究の現状を明らかにする。具体的には，Anthony（1965）のマネジメント・コントロールを構成する主活動である「プランニング」あるいは「コントロール」を分析対象[1]として，マネジメント・コントロール概念の多様化および研究対象や内容の拡大について検討する。

本研究の構成は次のとおりである。第2節では，本研究において実施した文献分析の方法について概説する。第3節においては，わが国のマネジメント・コントロール研究の研究対象（わが国企業実務への言及の有無・地域・研究サイト・組織の範囲・技法），および，アプローチ（研究方法・理論ベース）に関して，文献分析の結果を提示する。最後に，近年のわが国のマネジメント・コントロール研究の特徴について論じる。

2　文献分析の方法

本研究では，わが国のマネジメント・コントロール研究の現状を明らかにするために，書誌学的研究に関する先行文献（加登ほか 2010；河合・乙政 2012, 2013；吉田ほか 2009；Hesford et al. 2007；Shields 1997）を参照しながら，文献分析を実施した[2]。

実施手順は次のとおりである。第一に，2011年から2015年までに公刊された，わが国主要会計雑誌7誌[3]の全論文から管理会計に関する論文を選択した。次いで，マネジメント・コントロールにおいてキータームとなる「プランニング（Planning）」もしくは「コントロール（Control）」の用語[4]が，①タイトル，②キーワード，③要旨，④本文の最初のセクション，⑤本文の最後のセクション，のいずれかに含まれている論文を，本研究の対象となる「マネジメント・コントロール研究」論文として抽出した[5]。本研究では，マネジメント・コントロールの分析枠組みの多様化や，研究対象・研究内容にかかわるわが国での現状を把握するために，対象期間を直近の2011年から2015年までの5年間としている。

本研究の対象となる「マネジメント・コントロール研究」論文として抽出した論文の全数は141件である[6]。表1には，全141件のうちの，雑誌ごとの対象論文数および構成比を記載している。表1に示すように，『原価計算研究』（31.2％）や『管理会計学』（15.6％）のような管理会計を専門とする学会誌から多くの論文が抽出される結果となった。

第二に，わが国のマネジメント・コントロール研究の現状を把握するために，①わが国企業実務

研究論文　わが国のマネジメント・コントロール研究の文献分析

表1．雑誌ごとの対象論文数

メルコ管理会計研究	會計	会計プログレス	管理会計学	企業会計	原価計算研究	産業経理	合計
12	22	3	22	20	44	18	141
8.5%	15.6%	2.1%	15.6%	14.2%	31.2%	12.8%	100.0%

への言及の有無（わが国企業におけるマネジメント・コントロール実務について明示的に記述しているかどうか：次節 3.1.1・3.1.6・3.2.3），②地域（国内外のどの地域に焦点を置いているのか：次節 3.1.2），③研究サイト（どの業種を対象にしているのか：次節 3.1.3），④組織の範囲（組織の範囲をどのように捉えているか：次節 3.1.4），⑤技法（どの管理会計技法に主眼を置いているのか：次節 3.1.5），⑥研究方法（どのような方法で行われたのか：次節 3.2.1），⑦理論ベース（どのような理論に依拠しているのか：次節 3.2.2）の7項目それぞれについて，筆者ら全員での議論を通じてコードを設定した。

7つの項目に関して，③の研究サイト，⑥の研究方法，⑦の理論ベースは，文献分析を実施した管理会計領域の先行研究（加登ほか 2010；河合・乙政 2012, 2013；吉田ほか 2009；Hesford et al. 2007；Shields 1997）において研究蓄積の程度を把握するために設定されている項目であることから，本研究においても踏襲した[7]。その他の4項目については，わが国企業実務への関心の程度を捉えながら，本研究の冒頭で述べた，管理会計技法との関連の程度，あるいは，海外の組織や複数の組織間への拡張のような，わが国のマネジメント・コントロール研究の研究対象や内容に関する現状を把握するために，本研究で独自に設定している。

第三に，コード分類を実施する前に，複数回のプレテストを実施した。プレテストでは，筆者らが個々にコード分類した結果を相互にチェックすることによって，コードの妥当性，および，筆者らのあいだでのコード分類の統一性を確認した。

最後に，筆者らを二人一組の3グループに，さらに，対象論文も3分割した後，3グループそれぞれに担当する論文を割り振るとともに，3グループそれぞれが担当する論文のコード分類を実施した。加えて，対象となるすべての論文に対して，筆者ら6人の協議を通じて最終的なコード分類を決定した。

次節では，わが国のマネジメント・コントロール研究の研究対象（わが国企業実務への言及の有無・地域・研究サイト・組織の範囲・技法），および，アプローチ（研究方法・理論ベース）についてコード分類を行った結果を示す。

3　わが国のマネジメント・コントロール研究の文献分析

3.1　研究対象

3.1.1　わが国企業実務への言及

わが国のマネジメント・コントロール研究の現状を明らかにするために，最初に，分析視角としてのわが国企業実務への言及を取り上げる。わが国企業実務への言及では，わが国企業におけるマネジメント・コントロール実務について記述しているかどうかが確認される。

表2には，わが国企業実務への言及の有無に関する集計結果を示している。上段は，論文のタイトルに「日本」もしくは「わが国」といった文言を含むか否かによって集計した結果である。下段には，わが国企業実務の特有性の探求やわが国企業実務への提言といった観点から，各論文の筆者がわが国企業実務について明示的に言及しているか否かを，論文全文の内容をもとに判断した結果をまとめている。

表2から，タイトルに「日本」に類する文言を記載した論文の比率は 9.9%（14/141）と，低い水準に限定されている。しかし，全文をもとに判断した場合，わが国のマネジメント・コントロール研究のおよそ 45%（63/141）がわが国企業の

表2. マネジメント・コントロール研究におけるわが国企業実務への言及

タイトル		
文言有	文言無	合計
14	127	141
9.9%	90.1%	100.0%

全文		
言及有	言及無	合計
63	78	141
44.7%	55.3%	100.0%

実務について言及している。残りの過半数（78/141）は，わが国企業の実務への言及なしにマネジメント・コントロールについて検討していることになる。

3.1.2 地域

表3には，わが国のマネジメント・コントロール研究が対象とした地域を示している。地域には，「国内」「海外」「国内・海外」「不明」の4つのコードを付している。

表3をみると，わが国のマネジメント・コントロール研究の6割以上（88/141）が「国内」を対象としている。ただし，大半の研究の関心は日本国内にあるといえるものの，日本企業のグローバル化の進展に伴って，「国内・海外」を対象とした研究も一定数存在する（23/141）。

3.1.3 研究サイト（業種）

表4では，マネジメント・コントロール研究の研究サイトとして，どのような業種が選択されたのかを表示している。研究サイトは，「製造業（加工組立産業，プロセス産業など）」「非製造業（流通業，飲食業，銀行など）」「営利組織全体（製造業および非製造業の双方を対象）」「非営利組織（病院，政府，自治体など）」「全種類」「研究サイトなし」に類別した。

表4をみると，わが国のマネジメント・コントロール研究では，「研究サイトなし」の論文が最も多い（36.9%，52/141）。次いで，「研究サイトなし」と同程度に「製造業」を研究サイトとする論文が見受けられる（32.6%，46/141）。製造業を主たる研究対象として進展してきたわが国の管理会計研究（河合・乙政 2012；吉田ほか 2009）においては，現状でも製造業を主な研究サイトに

表3. マネジメント・コントロール研究の対象地域

国内	海外	国内・海外	不明	合計
88	5	23	25	141
62.4%	3.5%	16.3%	17.7%	100.0%

表4. マネジメント・コントロール研究が対象とする研究サイト

製造業	非製造業	営利全体	非営利	全種類	なし	合計
46	15	13	14	1	52	141
32.6%	10.6%	9.2%	9.9%	0.7%	36.9%	100.0%

していることが分かる。

3.1.4 組織の範囲

表5には，わが国のマネジメント・コントロール研究が対象とした組織の範囲を表示した。組織の範囲は，「単一組織」「グループ内（連結経営，グループ経営など）」「組織間（サプライチェーン・マネジメント，戦略的提携など）」「その他・不特定」に分類している。

表5は，単一の組織を対象とする「単一組織」が全体の6割強（94/141）を占めていることを示している。連結経営やグループ経営にかかわる「グループ内」は13.5％（19/141），複数の組織から構成されるサプライチェーン・マネジメントや戦略的提携にかかわる「組織間」は5.7％（8/141）である。「グループ内」や「組織間」を研究対象とする，わが国のマネジメント・コントロール研究は調査時点において限定的であることが理解できる。

3.1.5 技法

表6では，わが国のマネジメント・コントロール研究において対象となっている技法についての集計結果を提示している。技法としては，「不特定」「予算」「原価企画」「アメーバ経営（以下，アメーバ）」「バランスト・スコアカード（以下，BSC）」「経営計画」「その他」をコード化した。

表6をみると，「不特定」が44.7％（63/141）となっている[8]。わが国のマネジメント・コントロール研究では，特定の技法に注目しない研究が多数を占めている。

特定の技法を研究対象としている場合では，従来から議論されてきた「予算」が最も多い（27.0％，38/141）。比較的新しい管理会計技法である「BSC」はわずか7.1％（10/141）である。また，日本的管理会計の代表的技法といえる「原価企画」や「アメーバ」はそれぞれ，3.5％（5/141），5.7％（8/141）と，研究数は限定されている[9]。

3.1.6 研究対象とわが国企業実務とのクロス集計

わが国のマネジメント・コントロール研究の現状について理解を深めるために，地域・研究サイト・組織の範囲・技法とわが国企業実務への言及との関係をクロス集計によって検討する。わが国企業実務への言及については，表2下段に示した，全文をもとに，わが国企業実務の特有性の探求やわが国企業実務への提言といった観点から，わが国企業実務について各論文の筆者によって明示的に言及されているか否かを判断したデータを用いる。

まず，表7では，わが国のマネジメント・コントロール研究において対象となっている地域と，わが国企業実務への言及との関係をまとめている。全体的な傾向（「合計」）としては，表3にも示したとおり，6割以上（88/141）が「国内」を対象としている。表7からは，わが国企業実務への「言及有」では，全体的な傾向よりもさらに「国内」に集中している（76.2％，48/63）ことが見て取れる。また，「国内」に集中しているため，全体では「国内・海外」が16.3％（23/141）存在

表5．マネジメント・コントロール研究が対象とする組織の範囲

単一組織	グループ内	組織間	その他・不特定	合計
94	19	8	20	141
66.7%	13.5%	5.7%	14.2%	100.0%

表6．マネジメント・コントロール研究の対象技法

不特定	予算	原価企画	アメーバ	BSC	経営計画	その他
63	38	5	8	10	9	21

表7．わが国企業実務と地域の関係

	国内	海外	国内・海外	不明	合計
言及有	48 76.2%	1 1.6%	3 4.8%	11 17.5%	63 100.0%
言及無	40 51.3%	4 5.1%	20 25.6%	14 17.9%	78 100.0%
合　計	88 62.4%	5 3.5%	23 16.3%	25 17.7%	141 100.0%

するにもかかわらず，わが国企業実務への「言及有」では4.8%（3/63）となっている。全体に比べれば，わが国企業実務への「言及有」においては，「海外」や「国内・海外」を対象とする研究は少ない。

続いて表8には，研究サイトとわが国企業実務への言及との関係を示している。表8をみると，わが国企業実務への「言及有」では，「製造業」「非製造業」「営利全体」を合わせた営利組織を対象としている研究が半数以上（58.7%, 37/63）ある。全体において営利組織を対象としている研究は52.5%（74/141）であることから，わが国企業実務への「言及有」のほうがわずかながら営利組織に集中しているといえる。また，わが国企業実務への「言及有」では，相対的に「研究サイトなし」が少ない（31.7%, 20/63）。わが国企業実務への「言及有」においては，特定の業種に焦点を絞る傾向にある。

表9では，組織の範囲とわが国企業実務への言及とのクロス集計の結果を示している。表9において，「単一組織」に関してわが国企業実務への言及があるのは42.6%（40/94）である。対して，

表8．わが国企業実務と研究サイトの関係

	製造業	非製造業	営利全体	非営利	全種類	なし	合計
言及有	22 34.9%	6 9.5%	9 14.3%	6 9.5%	0 0.0%	20 31.7%	63 100.0%
言及無	24 30.8%	9 11.5%	4 5.1%	8 10.3%	1 1.3%	32 41.0%	78 100.0%
合計	46 32.6%	15 10.6%	13 9.2%	14 9.9%	1 0.7%	52 36.9%	141 100.0%

表9．わが国企業実務と組織の範囲の関係

	単一組織	グループ内	組織間	その他・不特定	合計
言及有	40 63.5%	13 20.6%	5 7.9%	5 7.9%	63 100.0%
言及無	54 69.2%	6 7.7%	3 3.8%	15 19.2%	78 100.0%
合計	94 66.7%	19 13.5%	8 5.7%	20 14.2%	141 100.0%

「組織間」では62.5%（5/8），「グループ内」では68.4%（13/19）がわが国企業実務への言及を行っている。全体とわが国企業実務への「言及有」との比較から，現状において，「組織間」マネジメントや，持株会社での管理体制をはじめとする「グループ内」のマネジメント・コントロールの多くは，わが国企業実務への言及とともに論じられているといえる。

最後に，表10は，対象とした技法とわが国企業実務への言及とのクロス集計表である。表10において，「原価企画」「アメーバ」「経営計画」において半数以上は，わが国企業の実務とともに考察されている（3/5，6/8，7/9）。一方で，わが国企業実務への言及がある「予算」や「BSC」の比率はそれぞれ，39.5%（15/38），30.0%（3/10）である。「予算」や「BSC」に関しては，相対的にわが国企業実務に限定されない議論が展開されている。全体と比較して，わが国企業実務への「言及有」においては，「原価企画」や「アメーバ」のようなわが国発の技法を対象とする論文数が多い一方，「BSC」のような海外発の技法や「予算」のような伝統的な技法を対象とする論文数は少ない。ただし，伝統的な技法であっても，「経営計画」に関しては，77.8%（7/9）がわが国企業実務への言及とともに論じられている。

以上，研究対象（地域，研究サイト，組織の範囲，技法）とわが国企業実務への言及の有無との関係を検討してきた。わが国企業実務への「言及有」の特徴を全体的な傾向との比較からまとめれば，①国内の営利組織を中心として特定の業種に絞る傾向にある，②「組織間」や「グループ内」のマネジメント・コントロールはわが国企業実務への言及とともに論じられる傾向にある，③「原価企画」「アメーバ」「経営計画」はわが国企業実務への言及とともに考察される傾向にある，となる。

要約すると，わが国企業実務に言及した研究は，近年のわが国のマネジメント・コントロール研究の全体的な傾向と比べて，営利企業におけるわが国発の実務をより詳細かつ具体的に記述する傾向にあるといえる。

3.2 アプローチ
3.2.1 研究方法

わが国におけるマネジメント・コントロール研究の研究方法に関する集計結果は，表11に提示

表10．わが国企業実務と技法の関係

	不特定	予算	原価企画	アメーバ	BSC	経営計画	その他	合計
言及有	26	15	3	6	3	7	8	68
言及無	37	23	2	2	7	2	13	86
合　計	63	38	5	8	10	9	21	154

表11．マネジメント・コントロール研究の研究方法

規範的	ケース	サーベイ		アーカイバル	レビュー
		実証	実態		
36	40	25	9	2	19
25.5%	28.4%	17.7%	6.4%	1.4%	13.5%
分析的	実験	歴史	複数	合計	
2	1	2	5	141	
1.4%	0.7%	1.4%	3.5%	100.0%	

している。

研究方法に関しては,「規範的研究（主に著者の論理展開に基づいた考察・提言を行った研究)」「ケース／フィールド（主に調査対象においてインタビュー調査を行った研究)」「サーベイ：実証研究（主に質問票を用いて構成概念間の関係を検討した研究)」「サーベイ：実態調査（主に質問票を用いて実態を調査した研究)」「アーカイバル（主に調査対象に関する定量的データを用いた研究)」「文献レビュー（主に既存研究を整理しながら研究課題を提示した研究)」「分析的研究（主に数学モデルを用いた研究)」「実験（主に実験計画を設計して対象／被験者を検討した研究)」「歴史（主に現象や技法の歴史的経緯を検討した研究)」「複数の方法（複数の研究方法を併用した研究)」に分類している。

表11に示すように，わが国におけるマネジメント・コントロール研究において採用されている研究方法に関して，「ケース／フィールド」の28.4％（40/141）が最も高い比率となっている。経験的な方法として，「ケース／フィールド」に，「実証研究」「実態調査」「アーカイバル」を足し合わせると，全体の半数以上（53.9％, 76/141）になる。マネジメント・コントロールの実務の観察にわが国研究者の関心が集まっているといえる。

他方，「規範的研究」は4分の1（36/141）を占めるものの，既存調査（河合・乙政 2012；吉田ほか 2009）において過半数を占めてきたことに鑑みれば，低い比率になっていると考えられる。

3.2.2 理論ベース

表12には，わが国におけるマネジメント・コントロール研究がどのような理論ベース（吉田ほか 2009）に依拠しているのかをまとめている。理論ベースは，「経済学（エージェンシー理論など)」「社会学（コンティンジェンシー理論・新制度派社会学など)」「心理学／行動科学（帰属理論など)」「複合（経済学・社会学・心理学／行動科学のうち2つ以上を併用)」「経済・社会・心理以外」に大別している。

表12から，「経済学」「社会学」「心理学／行動科学」「複合」といった理論をベースとした研究を合計しても全体の1割程度（16/141）であることが見て取れる。88.7％（125/141）は「経済・社会・心理以外」である。大半の研究が理論ベースに関して「経済・社会・心理以外」である傾向は，わが国のBSC研究や管理会計研究を対象とした既存調査（河合・乙政 2012；吉田ほか 2009）の結果と類似している。

3.2.3 研究アプローチとわが国企業実務とのクロス集計

前項の研究対象と同様，わが国のマネジメント・コントロール研究の現状について理解を深めるために，研究方法・理論ベースとわが国企業実務への言及との関係をクロス集計によって検討する。わが国企業実務への言及に関しては，3.1.6と同じく，表2下段に示した，全文をもとに，わが国企業実務の特有性の探求やわが国企業実務への提言といった観点から，わが国企業実務について各論文の筆者によって明示的に言及されているか否かを判断したデータを用いる。

表13には，研究方法とわが国企業実務への言及との関係を示している。表11に示したとおり，わが国のマネジメント・コントロール研究の53.9％（76/141）が経験的な方法（「ケース／フィールド」「実証研究」「実態調査」「アーカイバル」）を採用している。表13から，わが国企業実務へ

表12. マネジメント・コントロール研究の理論ベース

経済学	社会学	心理学	複合	経済・社会・心理以外	合計
7	5	2	2	125	141
5.0%	3.5%	1.4%	1.4%	88.7%	100.0%

表13. わが国企業実務と研究方法の関係

	規範的	ケース	実証	実態	アーカイバル	レビュー	分析的	実験	歴史	複数	合計
言及有	14 22.2%	17 27.0%	12 19.0%	7 11.1%	1 1.6%	8 12.7%	0 0.0%	1 1.6%	0 0.0%	3 4.8%	63 100.0%
言及無	22 28.2%	23 29.5%	13 16.7%	2 2.6%	1 1.3%	11 14.1%	2 2.6%	0 0.0%	2 2.6%	2 2.6%	78 100.0%
合計	36 25.5%	40 28.4%	25 17.7%	9 6.4%	2 1.4%	19 13.5%	2 1.4%	1 0.7%	2 1.4%	5 3.5%	141 100.0%

の「言及有」においては，経験的な方法をさらに採用する傾向にある（58.7％，37/63）ことがみて取れる。特に，「実態調査」の大半（77.8％，7/9）がわが国企業実務への言及とともに論じられている。また，わが国企業実務への「言及有」では，経験的な方法が積極的に採用されているため，「規範的研究」は相対的に少ない（38.9％，14/36）。

表14には，理論ベースとわが国企業実務への言及とのクロス集計の結果を示している。表14に示すように，わが国企業実務への「言及有」では「社会学」が皆無である。また，相対的に「経済学」に依拠する研究も少ない（28.6％，2/7）。それゆえ，わが国企業実務への「言及有」においては，大半の研究（93.7％，59/63）が「経済・社会・心理以外」に分類される。

以上，アプローチ（研究方法・理論ベース）とわが国企業実務への言及とのクロス集計から，わが国企業実務への「言及有」の特徴をまとめると，①経験的な方法を積極的に採用する傾向にある，②「経済学」や「社会学」に依拠する研究は相対的に少ない，もしくは，皆無である，となる。

前項の研究対象での考察と合わせれば，わが国企業実務を言及した研究は，経済学・社会学・心理学のような理論ベースにとらわれずに，営利企業におけるわが国発の実務を，経験的データとともに具体的に記述する傾向にあると考えられる。

4 おわりに

本研究では，文献分析を通じて，多様化するわが国のマネジメント・コントロール研究の現状を考察した。文献分析においては，2011年から2015年までにわが国主要会計雑誌7誌に掲載された論文から，分析対象となる論文を抽出した上で，研究対象（わが国企業実務・地域・研究サイト・組織の範囲・技法），および，アプローチ（研究方法・理論ベース）の2点から分析を実施した。

結果として，まず，研究対象については次のとおりである。わが国のマネジメント・コントロー

表14. わが国企業実務と理論ベースの関係

	経済学	社会学	心理学	複合	経済・社会・心理以外	合計
言及有	2 3.2%	0 0.0%	1 1.6%	1 1.6%	59 93.7%	63 100.0%
言及無	5 6.4%	5 6.4%	1 1.3%	1 1.3%	66 84.6%	78 100.0%
合計	7 5.0%	5 3.5%	2 1.4%	2 1.4%	125 88.7%	141 100.0%

ル研究の44.7%はわが国企業の実務について言及している。地域に関して，62.4%は「国内」を対象としている。研究サイトでは，「製造業」を対象とした研究が「研究サイトなし」とほぼ同程度見受けられた。組織の範囲については，「単一組織」を対象とした研究が全体の66.7%を占めている。技法では，特定の技法に注目しない研究が多数を占めている。特定の技法を研究対象としている場合では，従来から議論されてきた「予算」が最も多い。

また，研究方法や理論ベースについて次の結果を得ている。研究方法については，近年のマネジメント・コントロール研究においては，既存調査の結果と比べて，「規範的研究」が少ない。一方で，「ケース」や「サーベイ」といった経験的な方法が多くの研究で採用されている。理論ベースに関しては，大半の研究が「経済・社会・心理以外」に分類される。

次に，わが国企業実務への言及を軸として研究対象およびアプローチとの関係についてクロス集計を行った。わが国企業実務への言及に関して，「言及有」は63本であるのに対して，「言及無」は78本であることから，本数に大きな開きはないといえよう。

研究対象およびアプローチとのクロス集計から導き出した，わが国企業実務に言及した研究の特徴を列挙すると，①国内の営利組織を中心として特定の業種に絞る傾向にある，②「組織間」や「グループ内」のマネジメント・コントロールはわが国企業実務への言及とともに論じられる傾向にある，③「原価企画」「アメーバ」「経営計画」はわが国企業実務への言及とともに考察される傾向にある，④経験的な方法を積極的に採用する傾向にある，⑤「経済学」や「社会学」に依拠する研究は相対的に少ない，もしくは，皆無である，となる。

研究対象やアプローチとの関係からみれば，わが国企業実務は，経済学・社会学・心理学のような理論ベースにとらわれずに，営利企業におけるわが国発の実務を，経験的データとともに具体的に記述することを通じて捉えられていると考えられよう。

今後，わが国のマネジメント・コントロール研究における知見の蓄積を豊富にしていく上で，具体的な実務の記述を継続していくと同時に，経済学・社会学・心理学のような理論ベースを適切に利用することも必要である。経済学・社会学・心理学のような理論ベースは，知見が蓄積された研究課題に対して新たな切り口を提供するからである（上總・澤邉 2006；椎葉 2011；山本 2013）。例えば，わが国企業の実務として広く認識されているバイヤー・サプライヤー間の組織間での協働（上總・長坂 2016）に対して，取引コストのような経済学をベースとした研究（坂口ほか 2015）を進めることができる。また，理論ベースの利用・精緻化を加えれば，わが国のマネジメント・コントロール研究での知見を，欧米や隣接領域での研究蓄積に位置づけやすくなるため，広く国内外への研究成果の発信の実現を通じて（上總・澤邉 2006），より多くの研究者と議論できるようになると考えられる。

以上，研究対象およびアプローチの観点から，わが国のマネジメント・コントロール研究の現状を示すとともに，わが国企業実務に言及する研究と明示しない研究とでは，研究対象およびアプローチにおいて差異があることを示した。ただし，本研究はいくつかの限界を有していることに注意しなければならない。

第一に，先行研究に基づきながら実施した本研究の文献分析は，全般的な傾向の提示には適しているものの，論文ごとの詳細な内容を反映することはできない。

第二に，マネジメント・コントロール研究を選定する際の潜在的リスクがある。本研究において，研究対象を抽出する際にキータームとした「プランニング」や「コントロール」を論文中に記載しなくとも，マネジメント・コントロールについて議論している研究は存在しうる。

最後に，6人の研究者によって厳正にコード化作業を進めたとはいえ，恣意性が入り込む余地を完全には除去できない。

以上のような限界に注意しながらも，本研究で

の発見事項をいっそう明確にするために，今後は，わが国のマネジメント・コントロール研究の長期にわたる研究動向の把握，および，欧米におけるマネジメント・コントロール研究の現況や動向との比較検討を行っていくことが望まれる。また，本研究において分析を行った「研究対象」や「アプローチ」以外の観点から，わが国のマネジメント・コントロール研究の特徴を明らかにしていく必要もあろう。

謝辞：本研究の作成にあたり，初期の段階から研究会などを通じて澤邉紀生先生（京都大学大学院）・吉田栄介先生（慶應義塾大学）より有益なコメントを頂戴いたしました。また，査読者からも大変貴重なご意見を賜りました。ここに記して感謝申し上げます。なお，本論文は，メルコ研究財団研究助成および，科学研究費（17K04085，15K03762，15K03796，26380616）の助成を受けた研究の成果であり，ここに感謝の意を表します。

参考文献

上總康行・澤邉紀生編著．2006．『次世代管理会計の構想』中央経済社．

上總康行・長坂悦敬編著．2016．『ものづくり企業の管理会計』中央経済社．

加登豊・松尾貴巳・梶原武久編著．2010．『管理会計研究のフロンティア』中央経済社．

河合隆治・乙政佐吉．2012．「わが国バランスト・スコアカード研究に関する文献分析―欧米主要会計学術雑誌・実務雑誌との比較を通じて―」『会計プログレス』13：112-124．

河合隆治・乙政佐吉．2013．「わが国におけるバランスト・スコアカード研究の動向―欧米での蓄積状況をふまえて―」『同志社商学』65(1)：1-62．

坂口順也・河合隆治・上總康行．2015．「日本的組織間マネジメント・コントロール研究の課題」『メルコ管理会計研究』7(2)：3-13．

椎葉淳．2011．「比較会計制度分析―コントロール機能の一つの分析視角―」『管理会計学』19(2)：53-74．

尻無濱芳崇．2011．「Anthonyの計画・統制理論がマネジメント・コントロール文献に与えた影響の研究」『一橋商学論叢』6(1)：63-76．

谷武幸．2013．「アメーバ経営の概念モデル―フィロソフィとコントロールパッケージによる組織の活性化―」『企業会計』65(2)：161-171．

廣本敏郎・加登豊・岡野浩編著．2012．『体系現代会計学（第12巻）：日本企業の管理会計システム』中央経済社．

福嶋誠宣．2012．「コントロール・パッケージ概念の検討」『管理会計学』20(2)：79-96．

松木智子・中川優・島吉伸・安酸建二．2014．「海外子会社の現地化とマネジメント・コントロール―日系グローバル企業のケーススタディ―」『原価計算研究』38(2)：27-38．

山本達司．2013．「管理会計研究と方法論」『管理会計学』21(1)：3-9．

横田絵理・乙政佐吉・坂口順也・河合隆治・大西靖・妹尾剛好．2016．「マネジメント・コントロールの分析枠組みから見た管理会計研究―文献分析による検討―」『原価計算研究』40(2)：125-138．

横田絵理・金子晋也．2014．『マネジメント・コントロール―8つのケースから考える人と企業経営の方向性―』有斐閣．

横田絵理・妹尾剛好．2012．「インタラクティブ・コントロール・システムとしてのバランスト・スコアカードの検討―食品X社の事例からの考察―」『メルコ管理会計研究』5(1)：3-14．

吉田栄介・近藤隆史・福島一矩・妹尾剛好．2009．「わが国管理会計の書誌学的研究―1980-2007―」『産業経理』69(3)：70-81．

Anthony, R. N. 1965. *Planning and Control Systems: A Framework for Analysis*. Boston. MA: Harvard University. Division of Research.（高橋吉之助訳．1968．『経営管理システムの基礎』ダイヤモンド社）

Chenhall, R. H. 2007. Theorizing Contingencies in Management Control Research. C. S. Chapman, A. G. Hopwood and M. D. Shields (eds.). *Handbook of Management Accounting Research: 1*. Oxford. UK: Elsevier: 163-205.

Hesford, J. M., S. H. Lee, W. A. Van der Stede and S. M. Young. 2007. Management Accounting: A Bibliographic Study. C. S. Chapman, A. G. Hopwood and M. D. Shields (eds.). *Handbook of Management Accounting Research: 1*. Oxford. UK: Elsevier: 3-26.

Malmi, T. and D. A. Brown. 2008. Management Control Systems as a Package: Opportunities, Challenges and Research Directions. *Management Accounting Research* 19(4): 287-300.

Merchant, K. A. 1998. *Modern Management Control Systems: Text and Cases*. Upper Saddle River. NJ: Prentice Hall.

Merchant, K. A. and D. T. Otley. 2007. A Review of the Literature on Control and Accountability. C. S. Chapman, A. G. Hopwood and M. D. Shields (eds.). *Handbook of Management Accounting Research: 2*. Oxford. UK: Elsevier: 785-802.

Shields, M. D. 1997. Research in Management Accounting by North Americans in the 1990s. *Journal of Management Accounting Research* 9: 3-61.

Simons, R. 1995. *Levers of Control: How Managers Use Innovative Control Systems to Drive Strategic Renewal*. Boston. MA: Harvard Business School Press. （中村元一・黒田哲彦・浦島史恵訳. 1998.『ハーバード流「21世紀経営」4つのコントロール・レバー』産能大学出版部）

注

1）近年注目されている Simons（1995），Merchant（1998），Malmi and Brown（2008）におけるマネジメント・コントロール概念もまた，Anthony（1965）を基礎に拡張されている（横田ほか 2016）。

2）分析を進めるにあたっては，筆者らの主観の排除を目的として，初期のキータームの選定段階から，日本的マネジメント・コントロールを検討する研究会での報告を通じて，筆者ら以外の研究者との意見交換を行っている。研究会で得た助言は本研究の分析全体に反映されている。

3）『メルコ管理会計研究』『會計』『会計プログレス』『管理会計学』『企業会計』『原価計算研究』『産業経理』の7誌である。

4）本来「マネジメント・コントロール」そのものを用語として使用している論文が本研究の分析対象となる。しかしながら，「マネジメント・コントロール」の主活動の一部について議論する論文も存在することから，「マネジメント・コントロール」そのものを用語として使用している論文に加えて，Anthony（1965）の原題にある，「マネジメント・コントロール」の主活動である「プランニング」や「コントロール」を用語として用いている論文も分析対象に含めた。分析対象を「マネジメント・コントロール」の主活動に拡大させることによって，「マネジメント・コントロール研究」を抽出する上での網羅性を確保できると考える。なお，論文抽出に際して，「プランニング」「コントロール」の訳語である「計画」「統制」を対象論文抽出のためのキータームとしていない。「計画」「統制」をキータームとしなかった理由は，一つに，近年では「マネジメント・コントロール」あるいは「コントロール」という用語がわが国の管理会計研究において定着しているためである。二つに，「計画」をキータームとすれば，「マネジメント・コントロール」の範疇を超える，設備投資計画のような個別計画を分析対象として含めることになりうるためである。

5）ただし，測定尺度の操作化において「コントロール」という用語を文中で使用している場合は，対象から除外している。

6）同名タイトルにて分割掲載されている論文は，まとめて1件としてカウントしている。

7）正確に示せば，Hesford et al.（2007）は研究サイトを分析対象にしていない。

8）技法については，一本の論文中に複数の管理会計技法が扱われている場合には複数カウントしているため，総数は154である。ただし，技法の言及割合を計算するにあたっては，論文総数（141本）で除している。

9）「その他」に分類した技法としては，コントロール・チャート，ジャスト・イン・タイム，知的資産経営，標準原価計算，品質原価計算，振替価格，マテリアル・フロー・コスト会計，ライフサイクル・コスティング，利益目標管理，レベニュー・マネジメント，ABC（Activity-Based Costing），CSR（Corporate Social Responsibility）がある。

Contemporary Management Control Research in Japan
——A Bibliographic Study——
Eri Yokota (Faculty of Business and Commerce, Keio University)
Sakichi Otomasa (Department of Commerce, Otaru University of Commerce)
Junya Sakaguchi (Graduate School of Economics, Nagoya University)
Takaharu Kawai (Faculty of Commerce, Doshisha University, Vrije Universiteit Amsterdam)
Yasushi Onishi (School of Accountancy, Kansai University)
Takeyoshi Senoo (Faculty of Economics, Wakayama University)

Abstract: This study aims to describe the status of contemporary management control research in Japan, focusing on research that mentions Japanese business practices explicitly in individual papers. To do so, we investigate management control papers published in major Japanese accounting journals from 2011 to 2015 by applying the bibliographic study methods. Specifically, we examine research objectives (Japanese particularities, areas, industries, organizations, and management accounting tools) and approaches (research methods and theories) to identify the properties of current management control literature in Japan.

Keywords: Management control, Research objectives, Research methods, Japanese business practices, Bibliographic study

研究論文

原価計算システムと財務業績の関係に経営管理者の能力が与える影響
―― 社会福祉法人を対象とした定量的研究 ――

尻無濱　芳　崇[*]
市　原　勇　一[**]
澤　邉　紀　生[***]

要旨：本研究は，原価計算システムの機能性が高いほど組織の財務業績が高くなるという先行研究の結果を基礎に，経営管理者の能力を考慮した分析を行うことで，新たな知見を得ることを目的とする。上層部理論に基づくと，経営管理能力が高い経営管理者ほど原価情報を使いこなすことができ，原価計算システムの機能性と組織の財務業績の正の関連が強くなると予想される。本仮説を，介護事業を営む社会福祉法人から得たデータを用いて検証した。その結果，仮説に関連する8つの交互作用項の中で統計的に有意な結果が得られたのは3つ，仮説と合致する結果が得られたのはうち2つであった。本研究の仮説は部分的にしか支持されなかったが，新たな調査を通じて追加的なエビデンスを蓄積し，本研究で観察された管理者の能力の効果を検証していくことが，有望な研究の方向性である。
キーワード：原価計算システム，上層部理論，経営管理能力，社会福祉法人

1　はじめに

原価情報が充実している組織は，そうでない組織と比較して財務業績が高いのだろうか。一般に，組織が機能性の高い原価計算システムを整備するのは，そこから得られる情報を経営管理に利用し，組織の業績を高めようとするからである。原価計算システムの機能性と組織業績の関係については，情報の経済学に基づいた研究（Feltham 1977; Feltham and Xie 1994; Hilton 1979）や事例研究（Shank and Govindarajan 1993）を中心として知見が蓄積されてきた。さらに近年では，Pizzini（2006）が原価計算システムの機能性と財務業績の関係を検証し，原価計算対象ごとの詳細な原価情報を提供できる病院ほど財務業績が高いことを示している。

これらの研究では，経営管理者は提供される原価情報を適切に活用して合理的な意思決定を行うことができると仮定されている。しかし，上層部理論（upper echelons theory）に基づく研究（Hambrick and Mason 1984; Hambrick 2007）では，経営管理者のこれまでの教育歴や経験年数によって，経営管理者の認知枠組みや能力に違いが生まれるために，同じ情報を与えられてもその情報の活用の仕方が異なることが示唆されている。

本研究では，経営管理者が原価情報を利用して組織の財務業績改善を図る場合，それぞれの経営管理者の原価情報を使いこなす能力の違いによって，効果が異なる可能性を検討する（Tse 2011）。具体的には，経営管理者の特性の違いが原価計算システムの機能性と財務業績の関係にどのような影響を与えるかを，社会福祉法人から得たデータを利用して検証する。

本稿の構成は以下の通りである。第2節で，原価計算システムの機能性と組織の財務業績に関する先行研究を整理し，それに上層部理論の知見を加えることで，仮説を導出する。第3節で研究対象と変数の操作化，分析方法について説明する。

---

[*]　山形大学　人文社会科学部　准教授　〒990-8560　山形県山形市小白川町1-4-12
[**]　京都大学　経営管理大学院　特定助教
[***]　京都大学　経営管理大学院・大学院経済学研究科　教授

第4節で主要な分析結果を説明し，考察を行う。第5節では，本研究のまとめと今後の課題を述べる。

2　先行研究の整理と仮説の導出

本稿の目的は，原価計算システムと財務業績の関係に，経営管理者の能力がどのような影響を与えるかを検証することである。本節では，まず原価計算システムの機能性と組織の財務業績の関係に関する研究について整理し，次に経営管理者の能力がもたらす影響について，上層部理論を用いた研究を整理する。最後に，それらを踏まえて仮説を導出する。

2.1　原価計算システムの機能性と組織の財務業績の関係

原価計算システムから豊富かつタイムリーな情報が提供されることで，組織の業績が高まることを報告する研究は多い（Chenhall and Morris 1986; Feltham 1977; Feltham and Xie 1994; Hilton 1979; Shank and Govindarajan 1993）。Pizzini（2006）によれば，原価計算システムの機能性は以下の4つの設計要素に影響される。すなわち，(1) 原価計算対象ごとの詳細な原価把握ができる程度，(2) 原価情報の分類ができる程度，(3) 原価情報の報告頻度，(4) 差異分析の徹底度である。

まず (1) 原価計算対象ごとの詳細な原価把握については，情報の経済学をベースにした研究で，異なる種類の原価要素が1つに集約されているか，それとも異なる原価要素は個別に把握されているかによって意思決定から得られる利得が変わることが示されている（Feltham 1977）。つまり，詳細な原価把握ができていなければ意思決定から得られる利得は小さいが，詳細な原価把握ができていれば意思決定から得られる利得は大きくなる。(2) 原価情報の分類に関する研究では，原価情報を直接費・間接費や固定費・変動費に正確に分類することで，詳細な原価情報が役に立つようになるとされている（Shank and Govindarajan 1993）。それに加えて，管理可能費・管理不能費という分類に基づく情報は，経営管理者が部下の業績評価を行う際に役立つ（Feltham and Xie 1994）。(3) 原価情報の報告頻度に関しては，頻繁な原価情報の提供はマネジャーに意思決定についてのフィードバックと最近の出来事についての情報を与えることになると指摘されている。そのような情報は，将来の代替案を考える際の指針になるという（Chenhall and Morris 1986）。さらに，Hilton（1979）が行った分析的研究で，CVPに関する意思決定場面では，情報がタイムリーであるほどその情報を提供する原価計算システムの価値が高まることが示されている。(4) 差異分析については，経営管理者が何らかの問題について是正措置を決定する際に役立つことが指摘されている（Shank and Govindarajan 1993）。

もちろん，経営管理者は常に経済合理的な意思決定だけに原価情報を使うとは限らない。報酬契約や政治コストを理由として利益減少型の利益調整を行うために原価情報を使うかもしれない（須田 2000）。また，経営管理者の情報処理能力には限界があるため，詳細で頻繁な原価情報の提供は，経営者にとって情報過多（information overload）となり，彼らの意思決定の質が低下するかもしれない（Edmunds and Morris 2000）。Pizzini（2006）自身も，機能性の高い原価計算システムが業績改善を妨げる可能性を指摘している。しかし，そういった可能性を考えても，機能性の高い原価計算システムにはメリットがあることを彼女は指摘している。

すなわち，Pizzini（2006）の枠組みに基づけば，より機能性の高い原価計算システムは，詳細なデータを正確に分類し，それを頻繁に経営管理者に提供し，差異分析に基づく情報も提供するものである。機能性の高い原価計算システムがよりよい情報を生み出し，経営管理者がそれを使うことで意思決定が改善される。その結果，財務業績が高まる。それに加えて，コンティンジェンシー理論によれば，戦略，組織構造，外部環境と原価計算システムの機能性がうまく適合することで，組織に大きな便益をもたらすという。Pizzini（2006）は先行研究に依拠して，コンティンジェンシー理

論に基づく変数も考慮したうえで米国病院のデータを用いて原価計算システムの機能性と組織の財務業績の関係を検証した。その結果，原価計算対象ごとの詳細な原価把握が組織の財務業績と正の関連があることが示された。しかし，原価情報の分類や報告頻度，差異分析といった原価計算システムの他の設計要素は，組織の財務業績と正の関連があるという明確な証拠は示されなかった。差異分析に至っては，組織の財務業績と負の関連があることが示唆される結果となり，先行研究との整合性に疑問が残ることとなった。

2.2 経営管理者の能力の高さがもたらす影響

Pizzini（2006）の研究でコンティンジェンシー理論に基づく重要な変数の影響を統制しても原価計算システムの機能性と組織の財務業績の関係に正の関連が必ずしも見られなかったのは，そのほかの重要な変数の影響を見逃していたからだと考えられる。そのような変数の1つとして，原価情報から影響を受ける組織成員の認知・行動や，原価情報を意思決定に使う経営管理者の能力が挙げられる。

このようなPizzini（2006）の研究の限界を克服するには，2つの方向性が考えられる。1つは，原価計算システムから提供される情報が組織構成員の認知や行動に与えることによって財務業績が変化すると考え，この関係を分析する方向である（Birnberg et al. 2007; Abernethy and Stoelwinder 1995）。もう1つの方向は，経営トップに注目し，原価計算システムの機能性と財務業績の関係を，経営トップが原価情報を使いこなす能力の違いから説明する方向である。本稿では後者，すなわち組織のトップにいる経営管理者の能力に注目する。これは，組織トップの意思決定によって組織の財務業績が大きく変わることが指摘されている一方で（Hambrick and Mason 1984; Hambrick 2007），組織トップの能力と原価情報を用いた意思決定に注目した研究は我々の知る限りでは少なく（Hiebl 2014），この研究上のギャップを埋めることが重要だと考えたからである。

経営管理者には原価情報を使いこなす能力に差があることが知られている（Bonner 2008; Tse 2011）。経営管理者の能力に差があることを前提にして考えると，原価計算システムの機能性と組織の財務業績の関係は，経営管理者の能力によって変化することが考えられる。つまり，原価情報を使いこなすために必要なスキルや知識を持つ経営管理者であれば，原価情報を効果的に用いることで組織業績の改善を導く可能性が高い。しかし，能力の劣る経営管理者であれば原価情報を使いこなせずに業績を改善することができないだろう。つまり，経営管理者の能力が，原価計算システムの機能性と組織業績の関係を調整すると考えられる。

このような経営管理者の能力の違いを説明するのが上層部理論である。上層部理論とは，組織の上層部の特性によって組織のアウトプットが変わるという理論である（Hambrick and Mason 1984; Hambrick 2007）。Hambrick（2007）によると，上層部理論の中心的なアイデアは次の2つである。（1）経営管理者は直面する戦略的な状況に対する彼らの中に個別に形作られた（personalized）解釈に基づいて行動する。（2）この解釈は，経営管理者の経験，価値観，人格の関数である。つまり，上層部理論に基づいて考えると，経営管理者はそれぞれ認知枠組みが異なるので，同じ情報を提供されてもその解釈が異なり，意思決定も異なるということになる。ただし，経営管理者の認知枠組みを測定することは難しい。そのため上層部理論では，学歴や職務経験年数，性別といった経営管理者のデモグラフィック特性（demographic characteristics）を経営管理者の認知枠組みの代理変数として利用することが多い。

上層部理論を用いた管理会計研究は近年増加している。それらの研究ではもっぱら上層部の特性が管理会計システム・原価計算システムの設計面に与える影響に注目している（Naranjo-Gil and Hartmann 2007; Naranjo-Gil 2009; Hiebl 2014）。しかし，上層部の特徴が原価計算システム，管理会計システム，マネジメント・コントロール・システムと組織業績の関係に与える影響は研究が進んでおらず，有望な研究領域だと指摘されている

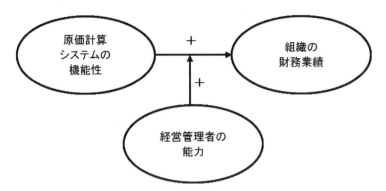

図1．基本モデル：原価計算システムの機能性，組織の財務業績，経営管理者の能力の関係[1]

(Hiebl 2014)。

　そこで本研究では，上層部理論に基づき，経営管理者の能力が高ければ原価計算システムを使いこなすことができるため組織の財務業績は高まるが，能力の低い経営管理者は原価計算システムから提供される情報を使いこなすことができず組織の財務業績を高めることができない，という仮説を検証する（図1）。

　仮説：経営管理者の経営管理能力が高いほど，原価計算システムの機能性と組織の財務業績の正の関連が強まる。

3　研究方法とデータの概要

　本研究では図1に示した基本モデルに基づいて，交互作用項を含む階層的重回帰分析を行った。以下で，具体的な研究方法とデータの概要を説明する。

3.1　研究対象

　本研究では，特別養護老人ホームを経営する社会福祉法人とその経営管理者を対象に研究を行う。介護事業を営む社会福祉法人とその経営管理者に注目した理由は3つある。第1に，原価計算システムの機能性が法人によって大きくばらつくと予想され，仮説検証を行ううえで適切なデータが得られると考えたからである。第2に，これも同様の理由だが，経営管理者の能力のばらつきも大きいと予想されたからである。第3に，高齢化社会において重要なサービス提供者である社会福祉法人の経営管理の一端を明らかにすることの意義が大きいためである。

　第1の理由は，社会福祉法人の間で原価計算システムの機能性が大きくばらついていると予想されることである。一般に社会福祉法人は財務諸表作成目的で製品・サービスの原価計算を行う必要がなく，従来原価計算が導入されてこなかったという（栗原 2012）。しかし介護保険制度が導入され経営環境が変わり，原価計算システムを整備する法人が増えてきた。以上を踏まえると，介護事業を営む社会福祉法人における原価計算システムの整備の程度にはばらつきがあると予想される。そのため，仮説検証を行ううえで適切なデータが得られると考えられる。

　社会福祉法人を研究対象に選んだ第2の理由は，経営管理者の能力に大きなばらつきがあると予想されるからである。近年社会福祉法人において，従来の同族的な経営に加えて（社会福祉法人経営研究会 2006；栗原 2012），金融業界やコンサルティング業界からの経営参画が増加している（上坂 2010；栗原 2012）。この事実を踏まえると，社会福祉法人の経営管理者の間には，経営管理能力に相当の幅があることが予想される。そのため，仮説検証に適したデータが得られる可能性が高い。

　第3の理由は，社会福祉法人の経営管理の実態を明らかにすること自体の意義が大きいためである。2000年に介護保険制度が開始されて以来，

営利企業を含む様々な経営主体が市場に参入したために，介護事業を営む社会福祉法人は激化する競争環境の中に置かれている。営利企業で採用されている経営管理の仕組みを修正しながら取り入れることで効率的・効果的な経営を行うことが，社会福祉法人の競争力を高めるとされている。しかし，社会福祉法人の経営管理体制の実態や，経営管理体制の整備が組織の財務業績と正の関連があるのかといった基本的な事実について，定量的に明らかにした研究はほとんど存在しない。このような基本的な事実を明らかにすることは，高齢化社会において重要なサービス提供者である社会福祉法人の経営改善を考えるうえで，基礎的な資料を提供するという意義がある[2]。

本研究では各社会福祉法人の経営管理の全体的状況に詳しい人物（以下，経営管理者）に回答を依頼している。具体的には，理事長，主たる施設の施設長，事務長などの法人の実質的な経営者に対して回答を依頼している。後述するパイロットインタビューにおいて，これらの職位にある人々が法人の経営管理を実質的に行っていることを確認している。また，パイロットインタビューから，これらの職位にある人々の学歴や経営管理の経験によって，原価情報の利用状況が変わる場合もあることを確認している。したがって，経営管理層の特性が原価情報の利用スタイルに影響を及ぼすという上層部理論の想定は，社会福祉法人に対して一定の妥当性を持っていると考えられる。

仮説検証に用いるデータの収集は，①パイロットインタビュー，②質問票作成，③質問票送付先リストの作成，④質問票の送付と回収，⑤回答法人についての財務データ収集という手順で行った。まず質問票作成の準備作業として，関東の社会福祉法人の中から，管理会計や原価計算について積極的に取り組んでいることが書籍やWebサイト，調査資料から確認できた法人を対象に経営管理における会計情報の利用や，インタビュー対象者の経歴などについてインタビュー調査を行った（付録参照）。質問票の質問項目は先行研究とインタビュー結果に基づき作成した。作成した質問票を2つの社会福祉法人の経営管理者（2名）に回答してもらい（パイロットテスト），彼らの意見に基づき修正を行った。質問票はインタビュー調査対象地域と対応させて，関東1都6県に送付した。具体的には，1都6県で特別養護老人ホームを経営する社会福祉法人のリスト（1,368法人）を作成し，そこから1,000法人をランダムに選択した。その1,000法人に対し，2013年11月に質問票を送付した。回答がない法人に対しては，同年12月に再度質問票を送付し，その結果244法人から回答を得た（回収率24.4%）[3]。質問票の回答があった法人について，仮説検証に必要な財務諸表データ(2013年4月～2014年3月分)を収集した。財務諸表は法人のWebサイトや法人の所在地がある自治体のWebサイトなどを中心に収集し，Webサイトに掲載がないものは自治体に対して公文書公開請求を行い収集した。仮説検証に必要なデータが揃っている165法人から，後述する手続きに基づき5法人のデータを除外した。仮説の検証は，160法人のデータを用いて行う。

なお，無回答バイアスの問題を評価するために，Widener（2007）に基づいて分析を行った。具体的にはサンプルを到着順に3分割し，早期到着(53法人）と後期到着（53法人）について，分析に利用した変数に統計的に有意な差があるかどうかを確認した。Welchのt検定の結果，回答者が経営管理に関する教育を受けた年数とDetail(後述)について，早期到着と後期到着のデータの間に有意水準5%で統計的に有意な差が確認された。したがって，無回答バイアスの問題が生じており，分析結果の一般化には注意を要する。

3.2 変数

本研究の基本モデルでは，従属変数として組織の財務業績，独立変数として原価計算システムの機能性，調整変数として経営管理者の能力が置かれ，それらの関係が示されている。組織の財務業績はROS，原価計算システムの機能性はPizzini（2006）の尺度に基づく4つの尺度，経営管理者の能力は経営管理実務の経験年数と経営管理教育を受けた年数で操作化した。以下で詳細に説明す

る。

3.2.1 従属変数

　従属変数に，営利企業でいう売上高営業利益率にあたるサービス活動収益対サービス活動増減差額比率（サービス活動増減差額÷サービス活動収益）を用いる[4]。この比率は，社会福祉法人の本業の収益力の強さを反映する指標とされている（有限監査法人トーマツ編 2012）。以下，本稿ではこの比率を ROS と呼ぶ[5]。

　非営利の介護施設の経営管理者は利益額・利益率を重視しているのだろうか。いくつかの研究で，介護施設の経営管理者が利益額・利益率を重要な経営指標として捉えていることが示唆されている。例えば黒木・尻無濱（2016）の調査は，中期経営計画を作成している 41 施設中 28 施設（68.3％）が収支差額・率（営利企業の利益額・利益率と類似の概念で，サービス活動増減差額もその1つ）を重要な項目として回答したことを指摘している。また，尻無濱（2013）の調査は，介護事業を営む非営利組織（多くは社会福祉法人）では 62 組織中 37 組織（59.7％）が業績管理尺度として収支差額・利益を利用している一方で，介護の質や組織の社会的使命達成に関する指標がほとんど利用されていないことを報告している。事前に行ったインタビューでも，複数の法人で利益（収支差額）の獲得が重要な目的の1つとして言及されていた。ただし，利益の獲得自体が目的というよりは，獲得した利益で事業を拡大することで，介護サービスを利用できていない高齢者にサービスを提供することや，採算がとれないが社会的貢献度の高い独自のサービスを充実させることなどが最終的な目的として意識されていた。利益額が大きくなるほど，社会福祉法人の本来の使命を達成する財源が確保できることになる。そのような最終目的につながる中間目標として，社会福祉法人では利益の獲得が重視されている。本稿では規模の影響を統制するため，サービス活動増減差額をサービス活動収益で除した値である ROS を従属変数として用いた。

3.2.2 独立変数，調整変数

　原価計算システムの機能性を測定する尺度は，Pizzini（2006）の尺度に修正を加えたものを用いた。Pizzini（2006）は，原価計算システムの機能性を（1）原価計算対象ごとの詳細な原価把握ができる程度（以下，詳細な原価把握；Detail），（2）原価情報の分類ができる程度（以下，原価分類；Classify），（3）原価情報の報告頻度（以下，報告頻度；Frequency），（4）差異分析の徹底度（以下，差異分析；Variance）の4つの側面から測定している。本稿ではインタビュー調査およびパイロット調査に基づき，社会福祉法人の経営管理者が理解することが難しいと考えられる差異分析の質問項目を修正した（付録を参照）。また，社会福祉法人の経営環境に適合するように文言の調整を行った。質問票の Q6 が Detail，Q8 が Classify，Q7 が Frequency，Q5 が Variance を測定する尺度である。Q7 は逆転項目からなる尺度である。

　Pizzini（2006）は探索的因子分析を実施し，4つの機能性が抽出されることを確認している。本研究でもこの分析結果が再現されるかを確認した。Pizzini（2006）に従い，各質問項目の回答を平均値0，標準偏差1に標準化し，探索的因子分析を実施した。固有値が1を超えるものを基準として，4つの因子を抽出した。4因子，バリマックス回転，最尤法で因子分析を実行した。表1に因子分析の結果を示した。Pizzini（2006）では，Detail, Classify, Frequency, Variance を構成する各項目について，因子負荷が最も高くなっていた。本研究では Pizzini（2006）の因子分析の結果と若干異なる結果が得られた[6]が，今回は概念的定義を優先して各変数を得点化した。具体的には，Pizzini（2006）に従い，法人ごとの原価計算システムの機能性の値を，各質問項目の回答を標準化したのちに，Detail, Classify, Frequency, Variance の4つの尺度を構成する項目の平均値をとることで求めた（例えば Detail なら Q6_1 から Q6_5 の平均値）。したがって，各尺度の平均値は0になる。

　尺度の信頼性については，クロンバックの α 係数で評価を行ったところ，0.74 から 0.82 の間に

表 1. 因子分析の結果

変数名	質問番号	第1因子	第2因子	第3因子	第4因子	クロンバックのα係数	会計情報に対する総合的な満足度との相関係数
Detail	Q6_1 施設・事業別コストの作成	0.15	**0.50**	0.17	0.15	0.82	0.41***
	Q6_2 部門別コストの作成	**0.68**	0.19	0.15	0.22		
	Q6_3 現場職員別コストの作成	**0.75**	0.20	0.19	0.13		
	Q6_4 利用者別コストの作成	**0.86**	0.18	0.05	0.06		
	Q6_5 サービス別コストの作成	**0.74**	0.25	0.15	0.02		
Frequency	Q7_1 経営トップへの報告頻度	0.04	0.18	**0.34**	0.12	0.74	0.37***
	Q7_2 中間管理職への報告頻度	0.15	0.12	**0.54**	0.08		
	Q7_3 現場主任への報告頻度	0.09	0.13	**0.87**	0.10		
	Q7_4 現場職員への報告頻度	0.13	−0.04	**0.72**	0.13		
Classify	Q8_1 変動費・固定費の区別	0.24	**0.73**	0.10	0.14	0.82	0.23***
	Q8_2 直接費・間接費の区別	0.21	**0.86**	0.09	0.10		
	Q8_3 管理可能費・不能費の区別	**0.42**	**0.52**	0.13	0.17		
Variance	Q5_1 収入面の差異分析	0.10	0.23	0.19	**0.59**	0.76	0.11
	Q5_2 支出面の差異分析	0.18	0.15	0.20	**0.89**		

太字は因子負荷0.3以上のものである。表中の*は10%有意，**は5%有意，***は1%有意を示す。

あり，4つの尺度の信頼性は確認された（Nunnally and Bernstein 1994; Schäffer 2007）。尺度の妥当性を評価するために，会計情報に対する総合的な満足度（7点リッカートスケール，1＝全く満足していない，7＝完全に満足している）との相関係数を計算した。Pizzini（2006）も尺度の妥当性を確認するために原価計算システムが提供するコスト情報の正確性や適時性に関する尺度と原価計算システムの機能性の相関係数を計算している。本研究でもこれにならい，質問票の長さも考慮して1項目で測定できる会計情報に対する総合的な満足度を利用した。Varianceを除く3つの原価計算システムの機能性について，会計情報に対する総合的な満足度との統計的に有意な相関関係が確認された。Varianceについては統計的に有意ではないが，正の相関係数が見られた。したがって，少なくともDetail，Frequency，Classifyについてはある程度の基準関連妥当性を持つことが示された（村上2006）。

本稿の調整変数としては，経営管理者の能力を反映すると考えられる経営管理の経験年数（以下，経験年数；Jobyear）と経営管理教育を受けた年数（以下，教育年数；Education）を用いる。先行研究では，経営管理者の能力を反映する尺度として年数が代理変数として利用されることが多い（Bonner 2008）。本稿でも先行研究にならって，経営管理実務や経営管理教育を受けた年数が長いほど，経営管理者の経営管理能力が高いものとみなし，分析を行う。2つの尺度を利用するのは，それぞれが経営管理者の能力の異なる側面を反映すると考えたからである。経営管理の経験年数は，実際に原価情報を使って意思決定を行った経験の長さを反映すると考えられる。言い換えれば，この尺度は原価情報の実践的な利用に関する能力の高さを反映する尺度である。一方，経営管理教育を受けた年数は，経営管理者の原価情報を活用する知識の多さを反映する尺度だと考えられる。原価情報の実践的な利用に関する能力と，原価情報の利用に関する学問的に体系づけられた知識の多さは必ずしも同一ではないと考え，2つの尺度を利用することにした。

ここで，回答者の特性を明らかにするために職

表2. 回答者の職位 (n = 160)

	理事長	施設長	事務長・事務局長	副施設長	その他	無回答
回答数	11	66	39	6	29	9
割合	6.9%	41.3%	24.4%	3.8%	18.1%	5.6%

位についての分布を説明する。表2に回答者の職位についての集計結果を示した。160名の回答者のうち，最も多かったのが施設長(41.3％)であり，次に多かったのが事務長・事務局長（24.4％）であった。この結果は，パイロットインタビューの結果とも整合する。なお，その他の回答には，理事（4名），法人本部長（2名），管理部長（2名）などがある一方で，実質的な経営管理者として想定しづらい課長・係長・主任クラスとの回答が10名分あった。なお，この10名の回答および無回答のデータを除外した分析も行ったが，後述する分析結果とほぼ同様の結果が得られた。

3.2.3 コントロール変数

本研究では，Pizzini（2006）を中心とした先行研究に従い，法人の規模，法人設立後の経過年数，法人内の事業構成，市場競争の激しさ，地域ごとの賃金水準，法人の戦略をコントロール変数として用いた。

法人の規模（Asset）としては，2013年度の法人の総資産額の常用対数を用いた。法人設立後の経過年数（Age）は，各法人の現況報告書に示されている法人の設立認可年月日から，2013年度末までに経過した年数として計算した。法人内の事業構成（Business_dummy）については，質問票で21事業について実施の有無の回答を得ている。そのうち，すべての法人が実施している特別養護老人ホームと，1法人しか実施していない精神障害者関連事業を除く19事業について，各事業を実施している場合に1，実施していない場合に0をとるダミー変数を作成した。したがって，Business_dummyはその法人が行っている事業については1をとる21個のダミー変数である。

市場競争の厳しさ（Competition）については，Pizzini（2006）を参考に，特別養護老人ホームの定員数に注目して測定を行った。具体的には，各法人の本部が存在する市区町村において2013年度末までに開設されていた特養の定員数を調べ，そこからハーフィンダル・ハーシュマン・インデックス（HHI）を計算した。Pizzini（2006）は競争環境を示す指標として，1からHHIを差し引いた値を利用しているので，本研究でも同様に1からHHIを差し引いた値を法人本部が存在する市区町村における競争環境の激しさの数値として用いることにした。この数値が大きいほど，競争が激しいことになる。

地域ごとの賃金水準（PaymentLevel）としては，2013年度の介護労働実態調査で報告されている都道府県ごとの介護従事者賃金をもとに計算した。本研究では，介護従事者賃金の全国平均に対する各都道府県の賃金の比を算出した。この比率が1を超えると，その都道府県の賃金水準が全国平均より高いことになる。すなわち，PaymentLevelは，地域の相対的な賃金水準の高さを示す。

先行研究において，コストリーダーシップ戦略の採用と機能性の高い原価計算システムの採用は正の関連があることが示されている（Pavlatos and Paggios 2009; Pizzini 2006）。それに加えて，社会福祉法人において戦略面が組織の財務業績に大きな影響を与えると考えられるため，本稿では組織が採用する戦略（Strategy）をコントロールする。本研究ではGovindarajan and Fisher(1990)の尺度を一部修正したものを用いて測定した。コストリーダーシップ戦略と差別化戦略が利益に与える影響を合計で100％としたときに，コストリーダーシップ戦略から影響を受ける割合を答えてもらう尺度を用いた。

3.3 分析方法

本稿では，仮説検証を行ううえで交互作用項を含む重回帰分析を用いる。従属変数が連続変数であり，本研究では媒介関係を想定していないため，この分析方法が適していると考えた。本稿では，まずベースモデルとして交互作用項を含まない重回帰分析を行い，その後に交互作用項を追加して説明力の増加を検証する階層的重回帰分析を行った。また，交互作用項の解釈をしやすくするために，独立変数，調整変数，コントロール変数についてはダミー変数以外すべて中心化を行った（Cohen et al. 2003）。

本研究では，外れ値の除外を行ったうえで回帰診断を行い，推定上問題となる法人のデータを除外している。具体的には，各変数の平均値±3標準偏差の範囲に入らない値（外れ値）を持つ法人のデータを除外した[7]。外れ値を除外した後に，ベースモデルの重回帰分析を実行し，回帰診断を行った。クックの距離に注目すると，0.5を超えるデータはなかった（金 2007）。最終的に，160法人のデータを対象に行った分析結果を示した。分析に際しては，統計解析環境Rを用いた（Mirisola and Seta 2015; R Core Team 2015）。

4 分析結果

各変数の記述統計量は表3の通りである。ROSの平均値が4％，中央値は3％であった。経営管理者が経営管理業務に携わった年数は平均で約8年であり，経験を積んだ経営管理者が回答しているようであるが，標準偏差は6.29年であり，ある程度ばらつきがあることがわかる。経営管理に関する教育を受けた年数は平均で約2年であり，そのうちの45.6％（73名）が0年であった。次に多いのは4年間の教育を受けたという回答で，28.1％（45名）がこれにあたる。このように，経営管理の経験年数，教育年数について予想通り回答に幅が見られた。

変数間の相関係数行列（表4）を見ると，ROSとの間に統計的に有意な相関関係が見られる原価

表3．各変数の記述統計量

パネル A：Business_dummy 以外の変数の記述統計[8]

	n	mean	sd	median	min	max
ROS	160	0.04	0.06	0.03	−0.11	0.26
Jobyear（年）	160	7.85	6.29	6.00	0.00	30.00
Education（年）	160	2.10	2.30	1.50	0.00	10.00
Detail	160	0.00	0.77	−0.15	−1.47	1.75
Classify	160	0.00	0.85	0.02	−1.93	1.57
Frequency	160	0.00	0.75	−0.06	−2.15	1.83
Variance	160	0.00	0.90	−0.31	−1.98	1.37
Asset（log10）	160	9.26	0.34	9.22	8.54	10.60
Age（年）	160	21.39	13.59	18.00	3.00	62.00
Competition	160	0.82	0.19	0.88	0.00	0.99
PaymentLevel	160	1.08	0.06	1.08	1.00	1.18
Strategy（％）	160	42.46	20.18	40.00	0.00	90.00
Detail＊Jobyear	160	−0.20	4.91	0.00	−18.89	16.53
Classify＊Jobyear	160	0.10	5.35	0.01	−19.56	25.36
Frequency＊Jobyear	160	0.16	4.26	0.18	−19.71	16.91
Variance＊Jobyear	160	−0.23	5.17	−0.21	−17.45	18.00
Detail＊Education	160	0.26	2.01	0.15	−5.36	10.26
Classify＊Education	160	0.29	2.17	0.08	−9.44	8.12
Frequency＊Education	160	0.28	1.82	0.06	−4.50	10.79
Variance＊Education	160	0.16	2.04	0.28	−6.84	8.08

パネルB：Business_dummy についての回答結果

	介護老人保健施設	特定施設入居者生活介護	訪問介護	訪問入浴介護	訪問看護	訪問リハビリテーション	短期入所療養介護
実施法人数	5	10	50	8	5	2	7
割合	3.1%	6.3%	31.3%	5.0%	3.1%	1.3%	4.4%
	短期入所生活介護	デイサービス（通所介護）	通所リハビリテーション	認知症対応型通所介護	小規模多機能型居宅介護	グループホーム	居宅介護支援事業所
実施法人数	138	127	8	20	16	29	109
割合	86.3%	79.4%	5.0%	12.5%	10.0%	18.1%	68.1%
	地域包括支援センター	その他の介護事業	身体障害者関連事業	知的障害者関連事業	その他の事業		
実施法人数	46	15	15	11	29		
割合	28.8%	9.4%	9.4%	6.9%	18.1%		

計算システムの機能性は Classify だけであり，その相関係数は 0.16 と小さい。ROS と原価計算システムの機能性の間に強い相関は見られないことがわかる。コントロール変数の中では，総資産額の規模（常用対数）が ROS と統計的に有意な正の相関関係を持っている。

表5は ROS を従属変数とした重回帰分析の結果である。VIF の最大値は特定施設入居者生活介護の実施の有無（ダミー変数）の 2.76 であり，多重共線性の問題は少ないと判断できる。表6・図2には下位検定の結果を示した。下位検定の結果は，交互作用項が統計的に有意になったものについての分析である。経験年数，教育年数を平均から標準偏差分だけ増減させた際に，原価計算システムの機能性と組織の財務業績の関係の強さがどう変わるかを示した。

まず，ベースモデルとフルモデルを比較すると，フルモデルの決定係数が統計的に有意に増加していることが確認できる。ベースモデルは自由度調整済み決定係数が 0.130 だが，フルモデルは 0.247 ある。さらに，交互作用項に統計的に有意なものがある。したがって，以下ではフルモデルについて考察を行う[9]。

フルモデルを見ると，原価計算システムの機能性のうち，交互作用項が統計的に有意ではなく，主効果が統計的に有意であるものは存在しない。そこで，交互作用項に注目する。8つの交互作用項のうち，統計的に有意な結果が得られたのは3つであり，5つについては帰無仮説が棄却できなかった。また，3つのうち1つの係数は仮説と逆の符号になっている。したがって，本稿の仮説を強く支持する結果が得られたとはいえない。経営管理者の特性が原価計算システムの機能性と組織業績の正の関連を強める効果は，予想していたよりも限定的だったといえるだろう。以下では，統計的に有意な結果が得られた交互作用項に言及する。

まず，経験年数と報告頻度の交互作用（Frequency*Jobyear）について，係数は正であり1%水準で統計的に有意である。下位検定を見ると，経験年数が相対的に短い管理者において，単純傾斜が負の係数で統計的に有意になっている。このことは，相対的に経験が浅い経営管理者は頻繁に情報を提供されても情報を使いこなせず，原価計算システムに関する費用を回収できるだけの質の高い意思決定ができていないことを示唆していると考えられる（Edmunds and Morris 2000）。

教育年数と原価計算システムの機能性の交互作用のうち，教育年数と詳細な原価把握の交互作用項（Detail*Education）の係数は正であり，5%水準で統計的に有意である。下位検定の結果でも，単純傾斜は10%水準で統計的に有意であった。

表 4. 変数間の相関係数行列（事業構成のダミー変数は除く）

		(1)	(2)	(3)	(4)	(5)	(6)	(7)	(8)	(9)	(10)	(11)	(12)	(13)	(14)	(15)	(16)	(17)	(18)	(19)
ROS	(1)																			
Jobyear (年)	(2)	-0.07																		
Education (年)	(3)	0.02	0.22***																	
Detail	(4)	0.07	-0.04	0.15*																
Classify	(5)	0.16**	0.02	0.15*	0.61***															
Frequency	(6)	0.03	0.03	0.16**	0.34***	0.27***														
Variance	(7)	0.04	-0.04	0.08	0.36***	0.38***	0.34***													
Asset (log10)	(8)	0.26***	0.04	0.13*	0.10	0.24***	0.25***	0.10												
Age (年)	(9)	0.07	-0.02	0.01	0.05	0.09	0.04	0.01	0.38***											
Competition	(10)	-0.01	-0.01	0.15*	0.17**	0.21***	0.14*	0.13**	0.13	0.04										
PaymentLevel	(11)	-0.04	-0.01	-0.05	0.07	0.16**	0.30***	0.15**	0.52***	0.17**	0.18**									
Strategy (%)	(12)	-0.01	-0.02	0.04	-0.11	-0.08	-0.09	-0.03	-0.02	0.14*	-0.11	0.03								
Detail*Jobyear	(13)	0.11	-0.08	0.03	0.02	0.05	-0.02	-0.04	-0.03	-0.08	0.04	-0.14*	-0.12							
Classify*Jobyear	(14)	0.06	0.02	-0.03	0.05	0.07	-0.02	-0.07	-0.15*	-0.12	0.09	-0.20**	0.05	0.58***						
Frequency*Jobyear	(15)	0.17**	-0.07	0.03	-0.02	-0.02	0.00	-0.14*	-0.09	-0.05	0.08	-0.09	-0.03	0.36***	0.28***					
Variance*Jobyear	(16)	0.16**	-0.17**	-0.04	-0.05	-0.08	-0.14*	-0.07	-0.13	-0.05	-0.03	-0.11	-0.03	0.19***	0.29***	0.21***				
Detail*Education	(17)	0.14*	0.02	0.09	0.05	0.14*	0.09	-0.06	0.02	-0.10	0.00	-0.06	0.01	0.21***	0.11	0.20**	0.02			
Classify*Education	(18)	0.09	-0.03	0.04	0.14*	0.22***	0.12	0.00	0.04	-0.06	0.05	-0.07	-0.03	0.12	0.18**	0.14*	0.07	0.71***		
Frequency*Education	(19)	-0.17**	0.02	0.17**	0.10	0.12	-0.05	-0.1	-0.01	-0.20**	-0.01	0.03	0.08	0.20**	0.13*	0.18**	-0.01	0.44***	0.30***	
Variance*Education	(20)	0.02	-0.03	0.01	-0.07	0.00	-0.12	-0.06	0.02	-0.04	-0.06	-0.01	-0.19**	0.22	0.06	-0.02	0.27***	0.24***	0.35***	0.13*

表中の*は10%有意，**は5%有意，***は1%有意を示す。

表 5. 階層的重回帰分析の結果

	ROS			
	ベースモデル		フルモデル	
	Coef.	t-value	Coef.	t-value
Intercept	0.0775	4.861***	0.0763	4.725***
Jobyear	−0.0006	−0.820	−0.0003	−0.425
Education	0.0006	0.241	0.0015	0.678
Detail	−0.0042	−0.522	0.0011	0.144
Classify	0.0124	1.672*	0.0109	1.557
Frequency	−0.0002	−0.031	−0.0041	−0.578
Variance	−0.0022	−0.352	−0.0007	−0.122
Asset	0.0975	4.804***	0.0963	4.999***
Age	−0.0003	−0.673	−0.0004	−1.147
Competition	−0.0099	−0.373	−0.0223	−0.889
PaymentLevel	−0.2718	−2.759***	−0.2290	−2.385**
Strategy	−0.0001	−0.515	0.0000	−0.022
Detail*Jobyear			0.0003	0.185
Classify*Jobyear			0.0002	0.126
Frequency*Jobyear			0.0032	2.679***
Variance*Jobyear			0.0016	1.644
Detail*Education			0.0079	2.397**
Classify*Education			−0.0021	−0.659
Frequency*Education			−0.0093	−3.229***
Variance*Education			0.0008	0.332
business dummy	yes		yes	
n	160		160	
AdjustedR^2	0.130		0.247	
R^2	0.294		0.427	
F	1.790**		2.374***	
ΔR^2			0.133	
ΔF			3.516***	

表中の * は 10%有意，** は 5%有意，*** は 1%有意を示す。

表 6. 交互作用項の下位検定

Independent Variables	Simple Slope	SE	t-value	p-value	Moderator
Frequency	−0.0244	0.0110	−2.21	0.029**	Low Jobyear (−1SD)
Frequency	0.0162	0.0098	1.66	0.100	High Jobyear (+1SD)
Detail	−0.0172	0.0102	−1.69	0.094*	Low Education (−1SD)
Detail	0.0194	0.0113	1.71	0.090*	High Education (+1SD)
Frequency	0.0173	0.009	1.93	0.056*	Low Education (−1SD)
Frequency	−0.0256	0.0105	−2.45	0.016**	High Education (+1SD)

表中の * は 10%有意，** は 5%有意，*** は 1%を有意を示す。

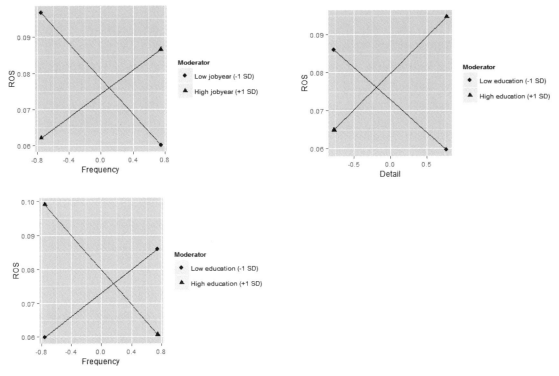

図2. 交互作用項の下位検定

教育年数が相対的に長い経営管理者ほど詳細な原価情報に基づいて意思決定を改善し，財務業績を高める傾向があるといえるだろう（Feltham 1977; Pizzini 2006; Tse 2011）。

その一方で，報告頻度の高さと教育年数の交互作用項（Frequency*Education）の係数は負であり，1％水準で統計的に有意であった。この結果は，仮説と逆の結果である。下位検定の結果からも，仮説と逆の結果が得られたことがわかる。つまり，教育年数が相対的に長い経営管理者ほど，頻繁に原価情報を提供されることでROSを低めるような意思決定を行うようになり，逆に教育年数が短い経営管理者ほど，頻繁な原価情報の提供を受けることでROSを高めるような意思決定を行うようになることを示唆する結果である。

以上のように，8つの交互作用項のうち，仮説を支持する結果が得られたのは2つであった。少なくとも介護事業を営む社会福祉法人においては，経営管理者の特性が原価計算システムの機能性と組織業績の正の関連を強める効果は限定的だといえよう。

5　おわりに

本研究では，原価計算システムの機能性が高いほど組織の財務業績が高くなるという先行研究の結果を基礎に，経営管理者の能力を考慮した分析を行うことで，新たな知見を得ることを目指した。本研究では，原価計算システムの機能性の高さが組織の財務業績に与える正の影響は，経営管理者の実務経験や教育歴が長いと強化されると予想した。しかし，仮説に関連する8つの交互作用項のうち，5つの交互作用項では係数は統計的に有意な値にならず，1つは仮説と逆の符号で統計的に有意になった。仮説を支持する結果が得られたのは2つの交互作用項だけであり，本稿の仮説は部分的にしか支持されなかった。統計的に有意になった交互作用に注目すると，経営管理者としての経験年数が相対的に短い経営管理者ほど，頻繁な原価情報の提供を受けてもそれを使いこなせず

に財務業績を低下させることが示唆された。また，原価計算システムによって詳細な原価把握が可能なほど，原価計算に関する体系的な知識が相対的に豊富な経営管理者は原価情報を使って意思決定を改善し，財務業績を高めることが示唆された。その一方で，原価計算に関する体系的な知識が相対的に豊富な経営管理者ほど，頻繁な原価情報の提供を受けることで財務業績を低下させるという仮説と逆の結果が得られた。

以上のように，本研究の分析結果から原価計算システムの4つの機能性のうち詳細な原価把握と報告頻度が，経営管理者の能力との交互作用を通じて組織業績に影響を与える可能性が示唆された。原価分類と差異分析については，予想したような交互作用は確認できなかった。新たな調査（事例研究・質問票・アーカイバルデータを使った調査）を通じて追加的なエビデンスを蓄積し，本研究で観察された管理者の能力の効果を検証していくことが，有望な研究の方向性である。

本稿の貢献は以下の2点である。第1に，原価計算システムの機能性と組織の財務業績の関係に関する一連の研究に対して，上層部理論の観点から経営管理者の能力を考慮するという新たな視点を導入した点である。社会福祉法人を対象としたデータに基づく分析ではあるが，原価計算システムの機能性と財務業績の関係に経営管理者が与える影響について端緒となる研究ということができる。

第2の貢献は実務および政策的なインプリケーションに関わるものである。本研究の分析結果に基づけば，組織の財務業績を高めることを意図したときに，原価計算システムを整備して意思決定に有用な情報を充実させるだけでは不十分である。交互作用項の分析結果から考えると，経営管理の経験が豊富で教育も長く受けた経営管理者であっても，正確な原価分類や徹底的な差異分析を利用して組織業績を改善できるとは限らない。やみくもに原価計算システムの4つの機能性を高め，優秀な経営管理者を雇っても業績改善につながるとは限らないのである。もっと焦点を絞ったアプローチが必要である。具体的には詳細な原価把握が可能な原価計算システムを整備し，経営管理者に経営管理教育を受けてもらうことが組織の業績改善に有効だと考えられる。それに加えて，原価情報の提供頻度を増やし，経験豊富な経営管理者に原価情報を利用してもらうことも効果があると考えられる。ただし，経営管理教育を受けた管理者に頻繁に原価情報の提供を行うと意思決定の質が低下してしまう可能性があるため，頻繁な原価情報の提供については注意を要する。

もちろん，本研究はいくつかの限界を抱えている。第1に，本研究で利用したデータでは，原価計算システムの機能性と組織の財務業績，そして経営管理者の能力について，因果関係の厳密な検証はできない。今後は，因果関係の精緻な検証ができるような研究手法を採用することも必要だろう。

第2に，本研究では経営管理者が原価情報を具体的にどのように使って意思決定をしているのかを明示的に変数として分析上考慮していない。意思決定における原価情報の具体的利用を変数として組み込めば，より明確な結果が得られたかもしれない。教育年数と報告頻度の交互作用に仮説と逆の関係が見られた理由についても，明らかにできた可能性がある。

第3に，本研究では経営管理者の能力の代理変数として経験年数，教育年数を用いた。しかし，経営管理教育や経験年数などが経営管理の能力の代理変数として適切かというと，必ずしもそうではないことが指摘されている（Bonner 2008）。能力の測定については，回答者を実質的な経営管理者（および経営管理層）に限定するような工夫を質問票に組み込むことがまず必要である。そのうえで，より精緻な測定方法を検討していくべきだろう。本研究では上層部理論を用いた研究でよく見られるような，経営層全体に関する調査ができていないという限界もある。したがって，新しい尺度を開発する際には，一人の経営管理者に注目するだけでなく，経営層全体の特性を測定することも視野に入れるべきである（Hambrick 2007）。

最後に，本研究の研究対象は関東1都6県で特

別養護老人ホームを経営している社会福祉法人に限定されている。したがって，全国のそのほかの地域の社会福祉法人に対して，分析結果を一般化することはできない。今後は，さらに研究対象とする地域を広げていくことが必要だろう。

こうした限界はあるものの，本研究は原価計算システムの機能性と経営管理者の能力の相互作用が組織の財務業績に与える影響を検討したファースト・ステップとして位置づけることができる。この研究を足掛かりとして3つの変数の相互関係をさらに追究していくことは，学術的にも実務的にも意義が大きいことである。

謝辞

本稿の作成にあたっては，査読者の先生方から貴重なコメントをいただきました。記して感謝を申し上げます。なお本稿は，2012年度メルコ学術振興財団研究助成2012012号「介護事業のマネジメント・コントロールシステムの量的研究」による研究成果の一部である。

付録

インタビュー概要

法人名	所在地	インタビュー対象者	インタビュー日時
社会福祉法人 A	東京都	施設長, 相談員	2011 年 12 月, 2012 年 1 月
社会福祉法人 B	熊本県	施設長	2012 年 2 月
社会福祉法人 C	東京都	施設長	2012 年 4 月
社会福祉法人 D	千葉県	理事長	2012 年 5 月
社会福祉法人 E	東京都	CFO, 経理部長	2012 年 6 月（2 回），2013 年 8 月
社会福祉法人 F	東京都	施設長, 事務長	2012 年 6 月
社会福祉法人 G	東京都	事務長	2012 年 7 月
社会福祉法人 H	千葉県	施設長	2013 年 8 月
社会福祉法人 I	千葉県	理事長, 総務部長, 事業部長	2013 年 8 月, 10 月
社会福祉法人 J	千葉県	施設長	2013 年 9 月
社会福祉法人 K	千葉県	経営管理本部長	2013 年 9 月
社会福祉法人 L	千葉県	施設長	2013 年 9 月

質問票（一部）

貴法人名と御回答者の役職名・経験年数，法人の規模をお答えください。

貴法人名	
御回答者役職	
経営管理職（課長・施設長・事務長など）としての経験年数	年
高校以降で経営に関する教育を受けた年数（商業高校，大学，MBA）	年
法人全体での総収入額（総売上高）	千円

Q1. 貴法人が運営している施設・事業の種類を選択して下さい。（複数選択可）

①特別養護老人ホーム	②介護老人保健施設	③特定施設入居者生活介護
④訪問介護	⑤訪問入浴介護	⑥訪問看護
⑦訪問リハビリテーション	⑧短期入所療養介護	⑨短期入所生活介護
⑩デイサービス（通所介護）	⑪通所リハビリテーション	⑫認知症対応型通所介護
⑬小規模多機能型居宅介護	⑭グループホーム	⑮居宅介護支援事業所
⑯地域包括支援センター	⑰その他の介護事業	⑱身体障害者関連事業
⑲知的障害者関連事業	⑳精神障害者関連事業	㉑その他の事業

Q5. 貴法人では予算や前月実績と当月実績の差額をどのように分析していますか？

1	収入面	①比較をしていない	②予算や過去の実績と現在の実績の単純比較	③単一の要因に基づいて分析（例：稼働率）	④複数の要因に分解して分析（例：平均報酬単価と稼働率）
2	支出面	①比較をしていない	②予算や過去の実績と現在の実績の単純比較	③単一の要因に基づいて分析（例：労働時間）	④複数の要因に分解して分析（例：平均賃率と労働時間）

Q6. 貴法人では以下の単位でのコストの分析を可能にする情報をどの程度作成できますか？
（1＝全く作成できない，7＝完全に作成できる）

1	施設・事業別コスト（例：特養，老健，デイサービス，地域包括支援センターごとのコスト）
2	施設・事業内の部門別コスト（例：特養内の部署・係・フロアごとのコスト）
3	介護・医療現場職員別コスト（例：A介護職員の活動によって生じたコスト）
4	利用者別コスト
5	サービス別コスト（例：入浴一回あたりのコスト，食事一回あたりのコスト，送迎一回あたりのコスト）

Q7. 貴法人では以下の各職種に対してどの程度頻繁にコスト情報を書類で報告していますか？
（1＝毎日，2＝毎週，3＝毎月，4＝四半期，5＝半年，6＝一年，7＝報告なし）

1	経営トップ（理事長，施設長，事務長）
2	中間管理職（経営トップ以外の施設長・事業長・課長）
3	現場主任（介護主任，看護主任，管理栄養士など）
4	現場介護職・看護職

Q8. 貴法人では以下のコスト分類に基づいてコストをどの程度区別できていますか？
（1＝全く区別できない，7＝完全に区別できる）

1	稼働率や入居者数の変化にともなって増加する費用（変動費）と，変化しない費用（固定費）
2	施設・事業やサービスに直接ひもづけられる費用（直接費）と，何らかの基準を用いて配分する費用（間接費）
3	施設・事業やフロアの担当者の努力により管理できる費用（管理可能費）と，担当者では管理できない費用（管理不能費）

Q9. 貴法人の収支差額（利益）は，以下の2つの方針（戦略）にどの程度影響を受けていますか？
合計で100％になるように回答して下さい。

1	他の事業者よりもコストを低くする，コスト削減を精力的に追求する，標準的で一般的なサービスを提供する（コストリーダーシップ戦略）	％
2	利用者やその家族が特色があると考えるようなサービスを提供する。サービスの質，法人のイメージ・評判を高めるように気を配る（差別化戦略）	％

合計100％

Q13. 総合的に見て，貴法人で提供される経営管理のための会計情報にどの程度満足していますか？
（1＝全く満足していない，7＝完全に満足している）

1	経営管理を行う上での会計情報に対する満足度

参考文献

上坂徹．2010．『超高齢社会における新介護経営：善光会「理念」×「仕組み」×「やりぬく力」の経営』幻冬舎．

金明哲．2007．『Rによるデータサイエンス：データ解析の基礎から最新手法まで』森北出版．

栗原徹．2012．『革命的福祉経営戦略』文芸社．

黒木淳・尻無濱芳崇．2016．「病院・介護施設における管理会計システムの特徴とその比較：大阪府を対象としたサーベイ調査から」『病院』75(9): 700-707．

社会福祉法人経営研究会．2006．『社会福祉法人経営の現状と課題：新たな時代における福祉経営の確立に向けての基礎作業』全国社会福祉協議会．

尻無濱芳崇．2013．『介護事業におけるマネジメント・コントロール・システムの研究：組織の非営利性がマネジメント・コントロール・システムに与える影響』一橋大学博士学位論文．

尻無濱芳崇．2016．「社会福祉法人における原価計算システムの機能性の決定要因：クラスター分析を用いた探索的研究」『会計検査研究』53：29-47．

須田一幸．2000．『財務会計の機能：理論と実証』白桃書房．

村上宣寛．2006．『心理尺度のつくり方』北大路書房．

有限監査法人トーマツ編．2012．『やさしくわかる社会福祉法人の新しい会計基準』中央経済社．

Abernethy, M. A. and J. U. Stoelwinder. 1995. The Role of Professioal Control in the Management of Complex Organizations. *Accounting, Organizaitons and Society* 20(1): 1-17.

Birnberg, J. G., J. Luft and M. D. Shields. 2007. Psychology Theory in Mangement Accounting Research. C. S. Chapman, A. G. Hopwood and M.D. Shields(eds.). *Handbook of Management Accounting Research*. Vol. 1: 113-135.

Bonner, S. E. 2008. *Judgment and Decision Making in Accounting*. Upper Saddle River, N. J. Pearson Education.

Chenhall, R. and D. Morris. 1986. The Impact of Structure, Environment, and Interdependence on the Perceived Usefulness of Management Accounting Systems. *The Accounting Review* 61(1): 16-35.

Cohen, J., P. Cohen, S. West and L. Aiken. 2003. *Applied Multiple Regression/Correlation Analysis for the Behavioral Sciences*. 2nd ed.. Hillsdale, NJ: Lawrence Erlbaum Associates.

Edmunds, A. and A. Morris. 2000. The Problem of Information Overload in Business Organisations: A Review of the Literature. *International Journal of Information Management* 20(1): 17-28.

Feltham, G. A. 1977. Cost Aggregation: An Information Economic Analysis. *Journal of Accounting Research* 15(1): 42-70.

Feltham, G. A. and J. Xie. 1994. Performance Measure Congruity and Diversity in Multi-Task Principal/Agent Relations. *The Accounting Review* 69(3): 429-453.

Govindarajan, V. and J. Fisher. 1990. Strategy, Control Systems, and Resource Sharing: Effects on Business-unit Performance. *Academy of Management Journal* 33(2): 259-285.

Hambrick, D. 2007. Upper Echelons Theory: An Update. *Academy of Management Review* 32(2): 334-343.

Hambrick, D. and P. Mason. 1984. Upper Echelons: The Organization as a Reflection of Its Top Managers. *Academy of Management Review* 9(2): 193-206.

Hiebl, M. R. W. 2014. Upper Echelons Theoryin Management Accounting and Control Research. *Journal of Management Control* 24(3): 223-240.

Hilton, R. W. 1979. The Determinants of Cost Information Value: An Illustrative Analysis. *Journal of Accounting Research* 17(2): 411-435.

Kerlinger, F. N. and H. B. Lee. 2000. *Foundations of Behavioral Research*. 4th ed., Fort Worth Thomson Learning.

Mirisola, A. and L. Seta. 2015. pequod: Moderated Regression Package.

Naranjo-Gil, D. 2009. Management Information Systems and Strategic Performances: The Role of Top Team Composition. *International Journal of Information Management* 29(2): 104-110.

Naranjo-Gil, D. and F. Hartmann. 2007. How CEOs Use Management Information Systems for Strategy Implementation in Hospitals. *Health Policy* 81(1): 29-41.

Nunnally, J. C. and I. H. Bernstein. 1994. *Psychometric Theory*. 3rd ed., New York: McGraw-Hill.

Pavlatos, O. and I. Paggios. 2009. A Survey of Factors Influencing the Cost System Design in Hotels. *International Journal of Hospitality Management* 28(2): 263-271.

Pizzini, M. J. 2006. The Relation between Cost-system Design, Managers' Evaluations of the Relevance and Usefulness of Cost Data, and Financial Performance: An Empirical Study of US Hospitals. *Accounting, Organizations and Society* 31(2): 179-210.

R Core Team. 2015. *R: A Language and Environment for Statistical Computing*. Vienna, Austria: R Foundation for Statistical Computing.

Schäffer, U. 2007. *Management Accounting & Control Scales Handbook*. Wiesbaden, Deutscher Universitätsverlag.

Shank, J. and V. Govindarajan. 1993. *Strategic Cost Management: The New Tool for Competitive Advantage*. New York: The Free Press.

Tse, M. S. C. 2011. Antecedents and Consequences of Cost Information Usage in Decision Making. *Advances in Management Accounting* 19: 205-223.

Widener, S. K. 2007. An Empirical Analysis of the Levers of Control Framework. *Accounting, Organizaitons and Society* 32(7-8): 757-788.

注

1）本研究では，上層部理論に基づき，経営管理者の能力の高さと組織の財務業績の間にも正の関連があり，そのうえで調整効果があると予測する。

2）社会福祉法人に限定することで，法人格の違いによる影響をコントロールすることができるという副次的な意義もある。

3）本研究では質問票調査から得られたデータの一部を利用した。質問票調査のデータを利用した他の研究としては，尻無濱（2016）がある。

4）補足的な分析として，被説明変数を黒字ダミーとした分析と，売上高成長率とした分析を行った。黒字ダミーの分析結果は，被説明変数をROSとした分析結果とほとんど変わらなかった。売上高成長率を被説明変数にした分析では，統計的に有意な結果は得られなかった。

5）法人によっては国庫補助金等特別積立金取崩額の計上の仕方が異なる。サービス活動収益として計上している法人もあれば，サービス活動費用の控除項目として計上している法人もある。本稿では，サービス活動収益額をすべての法人で比較可能にするために，サービス活動収益に国庫補助金等特別積立金取崩額が計上されている場合に，その金額を控除した。詳しくは，有限監査法人トーマツ編（2012）を参照。

6）例えば，Q6_1は第2因子に対する因子負荷量が最も高くなっているが，これは日本の社会福祉法人において変動費・固定費，直接費・間接費といった原価分類が行われているのは主に施設・事業レベルであって，原価計算対象が詳細になるとそのような原価分類があまり行われなくなるからだと考えられる。施設・事業レベルの原価情報把握が進んでいると考えられる根拠は，社会福祉法人には事業区分・拠点区分・サービス区分会計が課されており，これらの区分での会計情報の把握が経常的に行われているからである（社会福祉法人会計基準を参照）。また，本研究ではPizzini（2006）では20項目あった質問項目を調査対象に合わせて14項目に絞っている。これもPizzini（2006）と異なる分析結果が得られた原因の可能性がある。

7）異常値処理後でも，EducationとJobyearの最大値は平均値から3標準偏差以上はなれている。そのため，再度同様の手続きで外れ値を含むデータを除外し分析を実行した（n = 156）。この追加分析でも，分析結果は係数の値も含めてほとんど変わらなかった。

8）ここでは中心化前の記述統計を記載している。Detail, Classify, Frequency, Varianceの平均値が0となっているのは，今回従ったPizzini（2006）の手順では標準化した項目の平均を求めることになるからである。なお，交互作用項はすべて中心化後の独立変数と調整変数を掛け合わせたものである。

9）交互作用項を含む重回帰分析では，交互作用項が統計的に有意だった場合に，主効果のみを解釈するのは適切ではないとされている。それは，交互作用がある場合には主効果は一定ではなく，調整変数の値によって変わるからである（Kerlinger and Lee 2000）。交互作用のパターンは説明変数，調整変数，交互作用項それぞれの係数の符号と大きさによっても変わるため，係数の符号と大きさを単独で見て解釈することも適切ではない（Cohen et al. 2003）。そこで，本稿では交互作用項が統計的に有意である場合には下位検定を行った（Cohen et al. 2003）。こうすることで，経営管理者の教育年数や経験年数の違いに応じて，原価計算システムの機能性と組織業績の関係が具体的にどのように変わるかを理解することができる。

The Moderating Effect of Managers' Ability on the Relationship between Cost-System Functionality and Financial Performance: Evidence from Social Welfare Corporations in Japan

Yoshitaka Shirinashihama (Yamagata University, Faculty of Humanities and Social Science, Associate Professor)

Yuichi Ichihara (Kyoto University, Graduate School of Management, Assistant Professor)

Norio Sawabe (Kyoto University, Graduate School of Management, Professor)

Abstract: The purpose of this study is to investigate the relationship between cost-system functionality and financial performance of organizations. Particular emphasis is placed on the moderating role of mangers' management ability in deriving the financial performance benefits correlated with the functionality of costing systems. Based on data from 160 social welfare corporations, we find that the relationship between cost-system functionality and financial performance is partially moderated by the management ability. Thus, this study contributes to literatures of cost-system design by providing insights into the moderating effect of managers' management ability on cost-system functionality and financial performance.

Keywords: cost-system functionality, upper echelons theory, management ability, social welfare corporation

事例報告

不動産会社のアメーバ経営
——サンフロンティア不動産の事例——

丸田　起大[*]
市原　勇一[**]
澤邉　紀生[***]

要旨：不動産再生事業を営むサンフロンティア不動産株式会社におけるアメーバ経営をとりあげ，業種の特性や経営者の考え方がアメーバ経営の仕組みや実践にどのように反映されているか紹介する。歩合給のようなインセンティブ報酬が支配的な不動産業において，「利他」の精神を基盤とする経営実践がアメーバ経営によってどう実現しているのかを示すことで，アメーバ経営の類型のバリエーション増大に貢献する。また，サンフロンティア不動産の部門別採算制度では，社内ファンドのような仕組みを活用して，努力せずとも得られる固定的な収益（埋没収益）を部門の業績評価から除外するような工夫が行われていることを紹介する。

キーワード：アメーバ経営，経営理念，部門別採算制度，部門間協働，埋没収益

1　はじめに

本稿は，不動産再生事業を営むサンフロンティア不動産株式会社（以下，サンフロンティア不動産とする）におけるアメーバ経営を紹介するものである。本稿では，製造業から生まれてきたアメーバ経営が，サービス業の一種である不動産会社に適用された場合，そこに業種の特性や経営理念の個性などがどのように表れてくるのか，という点に着目している。本稿は，アメーバ経営の類型のバリエーション増大（Flyvbjerg 2001; 澤邉ほか 2008）に貢献するものと考える。

サンフロンティア不動産に関する先行文献としては，鶴蒔（2004）や横田・鵜飼（2010）などが存在する。鶴蒔（2004）では，創業者である堀口智顕社長の生い立ち，創業からビジネスモデルの構築，ジャスダック上場，その軌跡を支えてきた「利他」の経営理念などが紹介されている。横田・鵜飼（2010）は，アメーバ経営をミニ・プロフィットセンター制の一種として位置づけたうえで，非製造業でアメーバ経営を導入しているサンフロンティア不動産を事例の1つとして取り上げ，2009年当時の部門別採算制度の特徴を人事制度等と関連づけて紹介している。同社の仕組みはその後に刷新されているため，同一企業における部門別採算制度の変化を紹介しているという点にも本稿の意義がある。

本稿の構成は以下の通りである。まずサンフロンティア不動産の概要や不動産業界における同社の戦略などについて紹介し，次に現在の同社のアメーバ経営の仕組みについて経営理念と部門別採算制度に分けて詳述したうえで，最後に同社におけるアメーバ経営の浸透効果などについて考察していく。

2　サンフロンティア不動産の概要

サンフロンティア不動産は，東京都心5区（千代田区・中央区・港区・新宿区・渋谷区）に営業エリアを限定して，中小型オフィスビルの賃貸仲

---

[*]　九州大学大学院経済学研究院　〒812-8581　福岡県福岡市東区箱崎 6-19-1
[**]　京都大学経営管理大学院
[***]　京都大学経営管理大学院・大学院経済学研究科

介・売買仲介から，ビル管理，リニューアル，滞納賃料保証等の多様なサービスを提供するとともに，それら多様なサービス提供を通じて培ったノウハウを活用し，経年劣化した中古ビルを自社で取得して再生する不動産再生事業（リプランニング事業）を手がける，東証一部上場の総合不動産会社である。サンフロンティア不動産の2017年3月期の業績は，売上高40,394百万円，経常利益8,894百万円，売上高経常利益率22.0％，自己資本当期純利益率19.6％となっている。比較対象として，例えば旧財閥系不動産会社3社（三井不動産，三菱地所，住友不動産）の2017年3月期の売上高経常利益率は，それぞれ12.9％，15.1％，18.1％，自己資本当期純利益率はそれぞれ6.7％，6.6％，10.9％となっており，大手不動産会社と比較しても高い収益性を確保している。

サンフロンティア不動産の前身である株式会社サンフロンティア（2002年にサンフロンティア不動産が吸収合併）は，1989年に設立された。当初は売買仲介を中心に行っていたが，1990年の「不動産融資総量規制」を機に，業務の中心を賃貸仲介へと切り替え，その後は顧客の要望に応えるかたちで，ビル管理業務などへも事業を展開している（鶴蒔2004）。現在では，リーシングマネジメント（賃貸仲介），売買仲介，プロパティマネジメント（ビル経営・テナント管理・会計代行），建設ソリューション（改装・リニューアル），リプランニング（不動産再生），滞納賃料保証，ビルメンテナンス，ホテルマネジメント（ホテル運営）といった多様な事業を行っている。

このように，東京都心5区と中小型オフィスビルに特化したうえで，不動産にまつわる多種多様なサービスをワンストップで提供している点が，サンフロンティア不動産のビジネスモデルの特徴である。一般的に，中堅・新興の不動産会社では，いずれかの事業に専門特化していることが多いが（矢部2009），サンフロンティア不動産では，「狭く，深く」の地域密着・顧客密着の戦略がとられている（鶴蒔2004）。つまり，地域に特化することで，当該地域でのサービスの質を高めて顧客との信頼関係を築き，リピーターになってもらい，新たな顧客を紹介してもらおうという戦略である。例えば，賃貸仲介をきっかけにビル管理も受託するケースを考えてみよう。ビル管理を行うことができれば，売買，リニューアル，相続といった顧客ニーズやテナントの入退去の意向を事前に把握できるようになる。こうした情報を用いることで，売買仲介，リニューアル，コンサルティングといったサービスの提案や新たな賃貸仲介をスムーズに行うことができる。このような取り組みを通じて，賃貸仲介の能力が高まり，ビルの稼働率も高まる。それが顧客の満足度を高め，新たな顧客の紹介へと繋がっている。

この地域密着・顧客密着の戦略を実行するうえで必要不可欠となるのが，事業部門間の協働である。前述の例のようなプロセスを実現するためには，賃貸仲介を担当するリーシングマネジメント事業部，ビル経営・テナント管理を担当するプロパティマネジメント事業部，売買仲介を担当する不動産ソリューション事業部，ビルのリニューアルを担当する建設部，およびコンサルティング室などの各部門が，常に情報共有を行い，協働して顧客満足度の向上に取り組まなければならない。またサンフロンティア不動産自身が不動産を取得し再生するリプランニング事業でも，多くの部門が協働して付加価値の創出に取り組んでいる。このような協働を促すために，不動産業界では一般的な歩合給の仕組みを同社はあえて採用していない。

次節以降では，以上のような事業部間の協働を促進する仕組みが，後述の「立体化」のような工夫を通じて，サンフロンティア不動産のアメーバ経営実践にどのように織り込まれているかを，みていくことにする。

3　アメーバ経営の仕組みと運用

本節では，サンフロンティア不動産の戦略実行を支えているアメーバ経営の仕組みとその運用について詳述する。よく知られているように，アメーバ経営は「確固たる経営哲学と精緻な部門別採算管理をベースとした経営手法」（稲盛2006，4）

であるから，本節でもまずアメーバ経営の仕組みを経営理念と部門別採算制度に分けて説明し，その後それらの仕組みの運用について紹介する。

3.1 経営理念とフィロソフィ教育
3.1.1 経営理念

サンフロンティア不動産の社是，経営理念，および経営哲学は，資料1のような内容になっている。堀口社長は，1995年に盛和塾に入塾し，盛和塾で受けた稲盛和夫塾長の講話をもとにして，1997年から3,000字のレポートを毎週欠かさずまとめ，社員に配布し続けていた。これらのレポートは，『実践哲学　Vol. 1』と『実践哲学　Vol. 2』という冊子にまとめられ，社員の入社時に配られていた。

その後，2004年のジャスダックへの上場を機にして，KCCSマネジメントコンサルティング株式会社（現・京セラコミュニケーションシステム株式会社）のサポートを受けて，それまでのレポートをベースにした「経営理念手帳」がまとめられた。経営理念手帳には，資料1の社是，経営理念，経営哲学に加えて，経営理念・経営哲学を日々実践していくための羅針盤として，稲盛和夫氏の79編の語録選集や堀口社長自身による核心編・実践編からなる125編の講話が収められている。

サンフロンティア不動産の経営理念の中核をなす考えは，「利他」である。「利他」は，社是や10項目からなる経営哲学の第1項目として掲げられているだけでなく，経営理念手帳に掲載されている同社の「三大方針」の1つにも挙げられている。この「利他」という経営理念のもとで，サンフロンティア不動産では顧客や仲間に尽くす行

社是
　　利他

経営理念
　　全従業員を守り，物心の幸福を追求することを旨とし，同時に共生の心をもって，人類・社会の繁栄に貢献する。

ビジョン
　　「不動産活用のプロフェッショナル」として，世界一お客様に愛され，選んでいただける不動産会社を目指します。

経営方針
　　利を求むるに非ず，信任を求むるにあり―変わるのは自分，お客様視点でお困りごとを解決する―

経営哲学
（1）利他
　　ひたすら，思いやりの心で誠実に。共生の心で，周囲をみんなハッピーに。利己を抑えることが利他に。
（2）仕事＝社会奉仕
　　仕事は人に役立てる最大のもの。仕事をとおして己を磨き，社会から必要な人間たれ。結果，仕事をとおして人類，社会に貢献すべし。
（3）人生の結果，仕事の結果＝考え方×熱意×能力
　　思想の深遠なるは哲学者のごとく，心術の高尚正直なるは元禄武士のごとくにして，これに加うるに小俗吏の才能をもってし，更にこれに加うるに土百姓の身体をもってし，はじめて実業社会の大人たるべし。
（4）誰にも負けない努力
　　地道な仕事を一歩一歩，成功に近道なし。堅実にたゆまぬ努力を。
（5）強烈な願望を心に抱こう
　　因果応報。潜在意識にまで透徹するほどの，強い持続した願望・熱意によって，自分のたてた目標を達成しよう。

(6) 正しいことを貫く
　誠実であれ。正直であれ。公平であれ。第一の判断基準は「正しさ」である。原理原則に従い，筋の通った仕事を勇気をもって貫く。
(7) 絶対的積極
　良いときも悪いときも試練。いかなる時も前向き一本。無限の可能性を信じ，無から有をつくることが人生の醍醐味だ。
(8) 常に創造的な仕事を行おう
　今日よりは明日，明日よりは明後日と，常に改良・改善を絶え間なく続けるところに成長の源があり。
(9) 謙虚にして驕らず，足るを知る
　生かしていただけていることに感謝。多くの人の存在があって今の仕事ができるだけ。人生の敵は傲の一字なり。
(10) 素直に明るく，美しく
　素直な心は成長人間の基本マインド。常に理想と夢を抱いて，幸せな人生を建設しよう。

資料1　サンフロンティア不動産の経営理念

動が求められている。

3.1.2　フィロソフィ教育
　サンフロンティア不動産におけるフィロソフィ教育は，新卒採用のための会社説明会における同社の経営理念の紹介からすでに始まっている。入社前から時間をかけて経営理念を伝えることで，サンフロンティア不動産のフィロソフィに共感する仲間を募っているわけである。入社後は新人研修合宿が行われ，研修所で社長と一緒にコンパや寝泊まりをしながら，経営理念とフィロソフィの理解が進められる。定期的な研修としては，京セラコミュニケーションシステム株式会社コンサルティング事業本部のサポートを得て，リーダー以上を対象としたアメーバ経営研修や，全社員を対象とした年2回の経営理念浸透研修などが実施されている。また人事考課制度においても，部下の人間力，目的意識，実行力，創意工夫，判断力，

資料2　鹿児島研修旅行のしおり

知識，および折衝力を，上司が5段階で評価して評点化したものを，昇級・昇格の評定に反映させるなど，フィロソフィの実践度を評価する公式的な仕組みが設けられている。

フィロソフィ教育の日常的な機会としては，象徴的なものとして毎朝の清掃活動がある。社内だけでなく会社ビル周辺の清掃も毎朝行うことで，社是である「利他」が自然に実践され体得できる環境が作られている。朝礼も重要なフィロソフィ教育の場となっている。週1回の全体朝礼では，全社の方針や堀口社長の考え方が伝えられた後，ヒーローレジュメと呼ばれる成功体験の共有やコンプライアンスなどの基礎教育が行われている。週2回の本社朝礼では，経営理念を全員で唱和し，職場グループ単位でも経営理念手帳の読み合わせが行われている。それ以外にも，社員旅行の幹事役，全員参加のスポーツ合宿，社内誕生日コンパなど，様々な社内行事を通じて，経営理念の実践が求められている。例えば，鹿児島への毎年の研修旅行では，その年の研修旅行が例年以上の意義を持つものになるように，幹事役の社員が入念な準備を行っている。具体的には，詳細なしおり（資料2）の作成や研修ルートの下見などがなされており，これは「仲間のために尽くす」や「現場に徹する」といったフィロソフィを実践する機会となっている。しかも，これらの社内行事は必ず部門横断的に行われており，部門間のコミュニケーションを図ることも意図されている。さらにフィロソフィ論文コンテストが実施されており，優秀者は年次の創立記念式典や全体朝礼の場で表彰され，優秀論文は社内報『利他』に掲載されている。

3.2 部門別採算制度
3.2.1 アメーバ組織

同社のアメーバ組織（2017年12月現在）は，図1の通りである。同社では，採算部門を指して「アメーバ」という言葉が使われている。採算部門としてのアメーバの数は37，アメーバの規模は2〜9人（直接人員）となっている。同社では事業本部制が採用されており，アセットマネジメント本部，受託資産運用本部，事業推進本部，および管理本部が置かれている。

アセットマネジメント本部には，リプランニング事業部，不動産ソリューション事業部，建設部，およびコンサルティング室が置かれている。リプランニング事業部は，販売用不動産の選定・購入・販売およびデューデリジェンスを行っており，アメーバ組織としては，5〜7人規模の7つのグループに分けられている。不動産ソリューション事業部は，不動産等の販売・仲介・媒介を行っており，4〜8人規模の3グループと台湾の現地子会社（東京陽光不動産）をアメーバ単位としている。建設部は，リプランニング事業などにおける設計・施工・品質・原価の管理や施工・工事の監理を行っており，建設ソリューション課（7人）は社外の一般物件の内装デザインなどを積極的に請負うことから採算部門とされているが，建設課（12人）はリプランニング事業部のサポート部門という性格から非採算部門とされている。コンサルティング室（3人）は，単独の採算部門と位置づけられている。

受託資産運用本部は，リーシングマネジメント事業部，プロパティマネジメント事業部，ビルメンテナンス事業部，およびビルサポート事業部から構成されている。リーシングマネジメント事業部は，賃貸用不動産の媒介を行っており，各エリアにある9つの営業店と1つの事業課がアメーバ単位とされ，アメーバ規模は3〜9人である。プロパティマネジメント事業部は，建物・入居者の管理，管理物件のオーナーに対する賃料等の送金業務，および管理物件や同社の物件の賃貸仲介業務を行っており，5〜9人規模で7つのアメーバに分けられている。ビルメンテナンス事業とビルサポート事業は，それぞれグループ子会社が担っており，ビルメンテナンス子会社（SFビルマネジメント株式会社）は3〜6人規模で2つのアメーバに分けられ，ビルサポート子会社（SFビルサポート株式会社）は7人で単独の採算部門と位置づけられている。

事業推進本部には，事業開発部，ホテル事業室，ホテルマネジメント，およびスカイコートホテルが置かれている。ホテル事業室（4人）は，ホテ

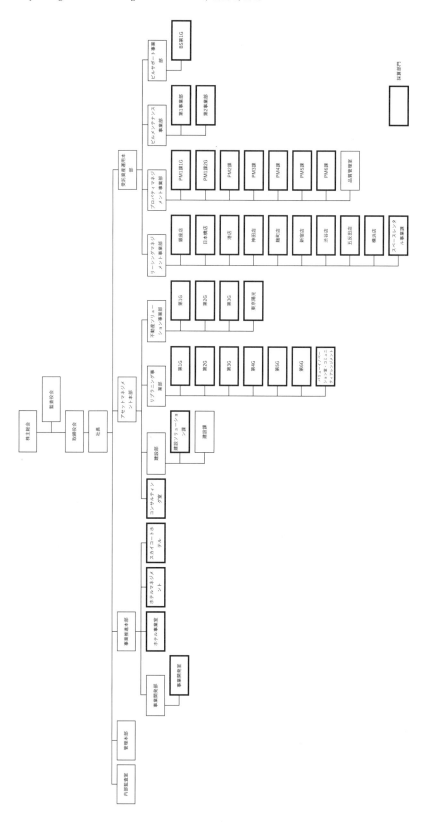

図1 サンフロンティア不動産の組織図

ル用不動産の開発・保有・管理を行っており，単独の採算部門とされている。事業開発部(9人)は，ベトナムやインドネシアにある5つのグループ子会社を統括しており，単独の採算部門とされている。ホテルマネジメントとスカイコートホテルは，それぞれグループ子会社が担っており，ホテルマネジメント子会社（サンフロンティアホテルマネジメント株式会社）は運営ホテルである「スプリングサニーホテル名古屋常滑」(9人)と「日和（ひより）ホテル舞浜」(5人)の採算を統合し，1つの採算部門としている。スカイコートホテル子会社（スカイコートホテル株式会社）は運営するスカイコートブランドの4つのホテル（川崎・成田・小岩・博多）の採算を統合し，1つの採算部門としている。

管理本部には，経営企画部，法務部，経理部，および人事総務部が置かれているが，いずれも非採算部門とされている。

3.2.2 部門別採算表

採算表のフォーマットは表1の通りである。同社の採算制度では，アメーバの収入源として，社外収入＋社内協力対価（松井2017）があり，以下で説明するように，協力対価には業務手数料，紹介手数料，および利益再配分の3種類がある。

表1の採算表上にある「立体化」とは，経営理念である利他的行動，すなわち社内での部門横断的な協力関係を促すために，同社が作った造語である。「立体化受取り」は，他部門から協力対価を受け取ることを意味している。「立体化払出し」は他部門に協力対価を支払うことを意味している。同社では社内での利他的行動を促すために，3種類の協力対価の仕組みを構築している。

1つ目は，他のアメーバからの外部顧客の紹介に伴う紹介手数料である。例えば，リーシングマネジメント事業部がリプランニング事業部に中古物件を紹介し，リプランニング事業部がその物件を実際に取得した場合は，リプランニング事業部からリーシングマネジメント事業部に紹介手数料が支払われる。この紹介手数料は，リーシングマネジメント事業部では収入として立体化受取りに計上される一方で，リプランニング事業部ではいったん原価として棚卸資産に計上され，本物件が再生され売却されたタイミングで，立体化払出しに計上される。

2つ目は，他のアメーバからの業務の社内受注に伴う業務手数料である。例えば，リプランニング事業部が推進する再生物件の空室に対し，リーシングマネジメント事業部がテナント仲介を行った場合，リプランニング事業部からリーシングマネジメント事業部に業務手数料（賃貸仲介手数料相当額）が支払われる。この場合，リーシングマネジメント事業部では業務手数料が収入として立体化受取りに計上され，リプランニング事業部では業務手数料が賃貸原価として立体化払出しに計上される。

3つ目は，アメーバ間での利益の再配分であり，同社では「特別分配」と呼ばれている。例えば，リプランニング事業部の再生物件が外部顧客に売却された際には，売却によって得られた利益の一

表1　採算表フォーマット

科目	金額
外部収入	(A)
外部売上原価	(B)
外部売上総利益	(C)
立体化	(D)
受取り	(E)
払出し	(F)
売上粗利計	(G)
経費合計	(H)
部署経費	(I)
管理本部負担金	(J)
全社共通経費	(K)
減価償却費	(L)
イベント費	(M)
差引利益	(N)
総労働時間	(O)
時間当りアメーバ	(P)

部が，物件の再生に関わった各アメーバの貢献度に応じて再配分される。この場合，利益を再配分するリプランニング事業部ではその額が立体化払出しに計上され，再配分を受ける各アメーバでは受取額が立体化受取りに計上される。

　以上のような各アメーバにおける収益計上の仕組みをまとめたものが表 2 である。なお表 2 における「社内ファンド」とは，管理会計上の仮想部門であり，その管理責任は経営企画部に置かれている。社内ファンドは，再生用物件の仕入れのために必要な資金をリプランニング事業部に貸し付けたり，リプランニング事業部の再生賃貸物件を買い上げたりする役割を持っている。リプランニング事業部は，再生物件を仕入れて売却するもしくは買い上げてもらうまでは，社内ファンドに金利を支払い続けるルールとなっている。支払った社内金利は，立体化払出しに計上される。さらに，社内ファンドは各部門の当期に努力した結果を当期の業績として的確にとらえられるようにも機能している。たとえば，固定資産として保有している賃貸不動産の賃料収入（眠り口銭）は，各営業部ではなく社内ファンドに計上させている。そのかわりに，賃貸不動産について修繕などが行われた場合は，修繕を担当した当該部門に社内ファンドから社内口銭が支払われるようにしている。社内ファンドを通じたこのような工夫によって，眠り口銭のような努力せずとも獲得できる「埋没収益」を各部門の業績から除外し，当期の努力と当期の成果の正確な対応がはかられている。収益面で埋没原価に対応する「埋没収益」が認識測定され業績評価に反映されている事例としても，サンフロンティア不動産の事例は注目に値する。

　採算表では，外部取引の損益が外部売上総利益として計算され，さらに内部取引の損益が反映されて売上粗利が計算される。次に売上粗利から，各アメーバの部署経費と，人員比などに基づいて配賦された管理本部負担金，全社共通経費，減価償却費，およびイベント費などの配賦経費が差し引かれて，差引利益が計算される。差引利益をアメーバの総労働時間で除して求められる「時間当りアメーバ」は，時間当り採算を指している。

3.3　アメーバ経営の運用
3.3.1　アメーバ関連会議

　同社では，採算表上の利益指標のうち，立体化業績反映後の売上粗利，差引利益，および時間当りアメーバを KPI としており，とくに差引利益と時間当りアメーバの実績は，週次（月末 5 営業日は日次）でフィードバックされている。

　アメーバ関連の会議としては，リーダー以上が出席する「アメーバ会議」と，社長と経営幹部が出席する「経営会議」がそれぞれ月初に実施されている。アメーバ会議ではアメーバ単位の，経営会議では事業部単位の，それぞれ KPI の前月実績，予定の達成度，当月予定，マスタープラン（年度計画）の遂行度などが報告され，前月の検証や今後の行動計画が議論されている。

　アメーバ会議や経営会議の説明資料は，各アメーバのリーダー自身が時間をかけて作り込んでいる。アメーバ会議・経営会議では，目先の数字ではなく，顧客のニーズをどれくらい掴めているか，それにどのように対応しているのか，といった中長期的なプロセスに焦点を当てた議論が行われている。その際，リーダーの発表に対して，社長がコメントするだけではなく，他部門のリーダーからも活発なコメントがなされている。

3.3.2　表彰・賞賛

　同社では，差引利益と時間当りアメーバのマスタープラン達成度を評価対象とした表彰制度が設けられている。表彰は，月次，四半期，半期，および通期で，タイムリーに行われている。表彰には個人表彰とチーム表彰の両方があり，月初の全体朝礼や年 2 回の事業計画発表会の場で表彰されている。報酬は，短冊（賞状），食事券，旅行券，賞品，有給休暇優先取得権（誉休暇）の授与となっており，いわゆる非金銭的なものが中心となっている。表彰制度以外にも，部門横断的な協力による優れた立体化業績をもたらした「立体化立役者」を月次で発表し，朝礼で立体化立役者に口頭で謝辞が示されるなど，賞賛の機会が設けられている。

表2　収益計上の仕組み

部門	外部収入	立体化受取り	立体化払出し
リプランニング事業部	再生不動産の販売 　―売却収入 再生不動産の賃貸 　―賃料収入	社内ファンドへ売却 　―売却収入	他部門へ社内発注 　―業務手数料 他部門からの紹介 　―紹介手数料
			社内ファンド 　―社内金利
			特別分配 　―利益再配分
不動産ソリューション事業部	不動産売買の仲介 　―手数料収入	他部門への紹介 　―紹介手数料	他部門からの紹介 　―紹介手数料
		特別分配 　―利益再配分	
リーシングマネジメント事業部	不動産賃貸の仲介 　―手数料収入	他部門への紹介 　―紹介手数料	他部門からの紹介 　―紹介手数料
		特別分配 　―利益再配分	
プロパティマネジメント事業部	建物管理 　―委託料収入	他部門から社内受注 　―業務手数料 他部門への紹介 　―紹介手数料	他部門からの紹介 　―紹介手数料
		特別分配 　―利益再配分	
建設ソリューション課	建設工事管理 　―収入	他部門から社内受注 　―業務手数料 他部門への紹介 　―紹介手数料	他部門からの紹介 　―紹介手数料
		特別分配 　―利益再配分	
ビルメンテナンス事業部	ビルメンテナンス工事 　―収入	他部門から社内受注 　―委託料 他部門への紹介 　―紹介手数料	他部門からの紹介 　―紹介手数料
		特別分配 　―利益再配分	
ビルサポート事業部	滞納保証 　―委託料	他部門への紹介 　―紹介手数料	他部門からの紹介 　―紹介手数料
		特別分配 　―利益再配分	

4 アメーバ経営の浸透効果

前節では，サンフロンティア不動産のアメーバ経営の仕組みとその運用について説明した。本節では，サンフロンティア不動産においてアメーバ経営が効果的に実践されていることを示す事例を2つ紹介する。

4.1 社長の分身づくり

1つ目は，従業員が経営者意識を持って行動した事例として，逆説的ではあるが，社長の怒りを買った再生物件のエピソードがある。従来，リプランニング物件は「新築同様にリニューアルする」というのが慣例になっていた。これは，「ビルをバリューアップさせることによって，付加価値を創造し，販売する」というリプランニング事業の意義からすると当然の考え方である。だが，この慣例とあえて異なるアイデアが実行に移された。建設ソリューション課のI氏は，「開拓者であれ」というフィロソフィを実践するために，渋谷や新宿でオフィスを探している若手のIT起業家に向けて，あえて内装を古びた仕上がりにする「倉庫っぽい」というコンセプトを発案し，他の部署も説得して施工を進めた。このコンセプトは，世界に名だたるIT企業がガレージからスタートしたことに着想を得たものであった。当初このプロジェクトに関わった従業員の多くが新しいコンセプトに半信半疑の状況であった。しかし，コンセプトを公開するとすぐに，想定していた賃料を大幅に上回る申し込みが入り，I氏を含めた従業員はプロジェクト成功に自信を深めた。そんな折，社長がこの物件の視察に訪れ，「これはリニューアルではない，汚している！」と怒りをあらわにし，施工業者も巻き込む問題となった。ところが，実際に販売してみると評判を呼び，予想を上回る引き合いがあり，このプロジェクトは大成功を収めた。その後，このプロジェクトの成功は他部署にも波及し，同様のコンセプトの物件の企画がなされるようになっている。またその結果，社長も「倉庫っぽい」コンセプトに理解を示すようになってきているという。

アメーバ経営の浸透の意味を理解するうえで，このエピソードは示唆に富んでいる。経営理念の生みの親である社長自身でさえも即座には納得しがたい実践が，経営理念に基づいて行われている姿は，経営理念の生命力を如実に示している。と同時に，その実践が認められるうえで，部門別採算制度が果たした役割も重要である。Sawabe and Ushio (2009) では，京セラフィロソフィに内在する矛盾が，部門別採算制度を通じて，従業員の創発的な活動を促進している様子が描かれていたが，サンフロンティア不動産のこのエピソードにおいても，慣習的な活動と挑戦的な実践との相互作用のなかで，主観的な期待が部門別採算制度を介して客観化され，それが間主観的な認識へと展開している姿を確認することができる。

このように，朝礼やフィロソフィ教育，社内行事などを通じて，経営理念とフィロソフィが従業員に深く浸透した結果，同社では信念を持ってフィロソフィを実践しようとする行動が現場レベルで起きているのである。

4.2 仕組みの柔軟な更新のルール化

2つ目の事例は，仕組みの柔軟な更新のルール化である。前述したように，現在のサンフロンティア不動産のアメーバ経営の仕組みは，横田・鵜飼 (2010) で紹介されている仕組みから大きく変化している。大きな仕組みの変更は2010年に行われたが，その後も都度仕組みの見直しが行われている。サンフロンティア不動産で特徴的なのは，経営企画部（経営管理部門）が中心となり，毎年マスタープラン編成時に，各部門から仕組みの見直しについての意見を聞き，事業部の責任者以上での討議・合意を経て，仕組みの見直しが行われている点である。例えば，リプランニング事業部が再生物件を外部顧客に売却した際の「特別分配」（表2）は，各部門の採算に大きな影響を与えるため，仕組みそのものや分配比率について納得感の高いものにするために，毎年のように見直しが行われている。

サンフロンティア不動産でこうした仕組みの見直しが可能となっているのは，経営企画部を中心

として，各事業部に深く経営理念とフィロソフィが浸透しているからだと考えられる。これまでのアメーバ経営研究では，経営管理部門が内部統制に果たす役割については指摘されてきたが（三矢2003），仕組みの設計・見直しに果たす役割については，十分な研究がなされてこなかった。同社の事例は，アメーバ経営における経営管理部門の役割を理解するうえで，貴重な事例の1つとなるであろう。またこのような仕組みの柔軟な更新のルール化は，イネーブリング（enabling）な業績評価システムの開発過程について研究したWouters and Wilderom（2008）との共通性も見出すことができる。

5　おわりに

本稿では，サービス業である不動産業を営むサンフロンティア不動産のアメーバ経営において，「利他」という同社の経営理念を実現するために，アメーバ経営に様々な工夫がなされていることを紹介した。フィロソフィ教育の面では，入社前のスクリーニング，入社時や定期の研修制度，人事考課制度，多様な社内イベントなど，様々な機会が設けられていた。また採算制度では，3種類の協力対価の設定，表彰や賞賛といった報酬制度，立体化業績反映後の利益指標の重視などの工夫が見られた。不動産業界のなかでの同社の戦略的なビジネスモデルとして，顧客情報の部門横断的な共有のための水平的コミュニケーションを重視して，セクショナリズムを解消し相互の積極的な情報提供を促すために，独自の工夫を組み込んだアメーバ経営が実践されている興味深い事例であるといえよう。

参考文献

稲盛和夫. 2006.『アメーバ経営―ひとりひとりの社員が主役―』日本経済新聞社.

澤邉紀生・David J. Cooper・Wayne Morgan. 2008.「管理会計におけるケーススタディ研究の意義」『メルコ管理会計研究』1：3-20.

鶴蒔靖夫. 2004.『経営哲学からの人づくり―不動産再生のサンフロンティア不動産―』IN通信社.

松井達朗. 2017.「協力対価方式の発案―医療・介護業界・日本航空への導入」アメーバ経営学術研究会編『アメーバ経営の進化：理論と実践』中央経済社：287-307.

三矢裕. 2003.『アメーバ経営論―ミニ・プロフィットセンターのメカニズムと導入―』東洋経済新報社.

矢部樹美男. 2009.『不動産業界のしくみ』ナツメ社.

横田絵里・鵜飼裕志. 2010.「非製造業におけるミニ・プロフィットセンターの活用」『産業経理』70(3)：73-84.

Flyvbjerg, B. 2001. *Making Social Science Matter*. Cambridge, UK: Cambridge University Press.

Sawabe, N. and S. Ushio. 2009. Studying the Dialectics between and within Management Credo and Management Accounting. *The Kyoto Economic Review* 78(2): 127-156.

Wouters, M. and C. Wilderom. 2008. Developing Performance-Measurement Systems as Enabling Formalization: A Longidutinal Field Study of a Logistics Department. *Accounting, Organizations and Society* 33: 488-516.

Amoeba Management in the Real Estate Industry: The Case of Sun Frontier Fudousan Co., Ltd.

Okihiro Maruta (Graduate School of Economics, Kyushu University)
Yuichi Ichihara (Graduate School of Management, Kyoto University)
Norio Sawabe (Graduate School of Management, Kyoto University)

Abstract: In this paper, we show how the characteristics of industry and management philosophy are reflected in the structure and practices of amoeba management through the case of Sun Frontier Fudousan Co., Ltd., which conducts real estate revitalization. As incentive compensation, such as commission is commonly used in the real estate industry, it is considered that the employees tend to pursue the interests of the individual. In Sun Frontier Fudousan, however, the management practices based on altruism were realized by amoeba management. In addition, Sun Frontier Fudousan excluded fixed earnings, namely *sunk profit*, from the performance measurement of the departments by using the in-house fund.

Keywords: amoeba management, management philosophy, divisional accounting system, cooperation, sunk profit

公益財団法人メルコ学術振興財団セミナー記録

調査研究室長　澤邉紀生

　2017年2月から8月までに開催されたメルコ学術振興財団主催のセミナーは下記の通りである。各セミナーの内容については，それぞれの開催報告書をご覧いただきたい。

1. 立教大学・管理会計セミナー
　　日時：2017年2月18日（土）　13時30分～17時10分
　　場所：立教大学池袋キャンパス1202教室
　　講演1　澤邉紀生氏（京都大学経営管理大学院教授）
　　　　「EDEN Doctoral Seminar にみられる定性的研究方法の概要」
　　講演2　梶原武久氏（神戸大学大学院経営学研究科教授）
　　　　「定量研究のレリバンスと妥当性を高める」
　　講演3　奥田真也氏（名古屋市立大学経済学研究科准教授）
　　　　「英文ジャーナル公刊に関する私論」

2. 千葉大学・管理会計セミナー
　　日時：2017年6月17日（土）　14時～17時
　　場所：千葉大学　西千葉キャンパス　人文社会科学系総合研究棟　マルチメディア講義室
　　講演1　青木章通氏（専修大学経営学部教授）
　　　　「サービス業における収益管理の現状と課題―7年間の観測から見えてきたこと―」
　　講演2　伊藤武志氏（株式会社価値共創　代表・専修大学大学院商学研究科客員教授）
　　　　「日本製造業の経営管理の現状とあるべき姿についての一考察」
　　質疑・意見交換と総括
　　司会・ディスカッサント　園田智昭氏（慶應義塾大学商学部教授）

3. 福岡大学/京都大学・管理会計セミナー（海外招聘）
　　日時：2017年7月4日（火）　16時30分～18時10分
　　場所：京都大学　吉田キャンパス　総合研究2号館3階マルチメディア講義室
　　講演　マーティン・メスナー氏（インスブルック大学経営学部教授）
　　　　「The Temporal Experience of Budgeting」

4. 福岡大学・国際ジャーナル投稿のためのワークショップ（海外招聘）
    日時：2017年7月6日（木）　15時～18時
    場所：福岡大学大学院（中央図書館棟6F）会議室1
    報告1　浅田拓史氏（大阪経済大学准教授）
    　　　吉川晃史氏（熊本学園大学准教授）
    　　　上總康行氏（京都大学名誉教授）
    　　　「Switching Management Control System Use: A Construction Machinery Manufacturer Case」
    報告2　藤野雅史氏（日本大学准教授）
    　　　李　　燕氏（拓殖大学准教授）
    　　　澤邉紀生氏（京都大学教授）
    　　　「Incomplete performance measures from a collectivistic view」
    報告3　木村麻子氏（関西大学教授）
    　　　鈴木寛之氏（Lecturer, University of Bristol）
    　　　中嶌道靖氏（関西大学教授）
    　　　「Sustainability Management Control Systems in the Context of New Product Development: A Case Study on a Japanese Electronics Company」
    コメンテーター　マーティン・メスナー氏（インスブルック大学教授）

1. 立教大学・管理会計セミナー概要

2017年2月18日
立教大学経済学部
教授　諸藤　裕美

管理会計セミナー
    日時：2017年2月18日（土）　13時30分～17時10分
    場所：立教大学池袋キャンパス1202教室

    講演1　澤邉紀生氏（京都大学経営管理大学院　教授）
    　　　「EDEN Doctoral Seminarにみられる定性的研究方法の概要」
    講演2　梶原武久氏（神戸大学大学院経営学研究科　教授）
    　　　「定量研究のレリバンスと妥当性を高める」
    講演3　奥田真也氏（名古屋市立大学経済学研究科　准教授）
    　　　「英文ジャーナル公刊に関する私論」

　2017年2月18日土曜日に立教大学において，国際的業績を目指す若手・中堅研究者，若手を指導する立場にある研究者を主対象とし，「国際学会報告・海外ジャーナル掲載を目指す若手研究者向けセミナー」と題するセミナーを行った。報告者は，海外査読付きジャーナルへの多数の掲載を行っている澤邉紀生先生，梶原武久先生，奥田真也先生である。

第1報告は，澤邉紀生先生による「EDEN Doctoral Seminar にみられる定性的研究方法の概要」であった。冒頭で，EDEN Doctoral Seminar の紹介がなされ，それを若干短縮し前年度に日本で行ったセミナーの内容についての説明がなされた。EDEN Doctoral Seminar は，博士号を取得したいと思っている，あるいは博士号は取得しているがまだ若く，キャリアを発展させたいと思っている人向けの EIASM (European institute for advanced studies in management) によるセミナーである。

　「EDEN doctoral seminar on "Conducting, writing and publishing case-based research in management accounting"」の説明に際しては，3日間のプログラム概要や参加前に読むべき文献リストの掲載された資料が配付された。このセミナーは題名の通り，ケース・ベースの研究を行う人向けのものである。セミナーの内容について，第一に，ケース・ベースの研究と他の研究方法との比較の説明，第二に，科学のタイプと会計現象に関する説明，第三に，ケース研究とは何かに関する説明，第四に，定性的研究と定量的研究との比較の説明がなされた。第三の点について，ケース研究は，経験的なリアリティーから何かを学ぶものであるが，その材料は理論的な関心から選ばれているのだということ，そして，その理論的な関心とは研究者のモチベーションから来るものだということ，要するに研究対象と研究主体，つまり研究者と，それと理論，これらの組み合わせでできているのがケース研究であるということが述べられた。

　第2報告は，梶原武久先生による「定量研究のレリバンスと妥当性を高める」と題する報告であった。海外における会計研究の現状として，北米ジャーナルでの管理会計研究のシェアは限定的であること，経済学がメインで心理学・社会学などが補完的に用いられること，研究方法の主流は Analytical, Experimental, Archival であり，Survey や Field research は限定的であること，理論の共有や研究方法の標準化により累積的な研究の蓄積が可能となっていることが示され，また，北米が抱える問題点として，理論や研究方法に関する多様性の喪失，実務に対するレリバンスの低下，アーカイバルデータが蓄積されていない新しい現象に関する研究が行われないなどの見解を示された。

　日本の管理会計研究の傾向としては，研究のトピック・理論・研究方法が多様性に富んでいること，実務志向の研究が多いこと，社会科学の基礎理論の軽視，我流の研究方法の場合があることなどの見解が示された。それをもとに，我が国の今後の研究のあるべき方向性として，実務との適合性を意識した研究を行うという従来の傾向は維持・強化していく一方，学術研究としての一定の厳格さを兼ね備える

べきという見解が示された。実務への適合性のある研究とは，実務家の意思決定や行動に影響を及ぼす研究をいう。経験的研究の妥当性については，自身が採用する理論に基づく原因変数の従属変数に対する効果を検出するため，先行研究で明らかにされている原因変数，その他影響要因の影響をいかに排除するかについて，また，仮説検定に伴い第2種のエラーをいかに減らすかについて，Kinney（1986）をもとに説明がなされた。

　第3報告は，奥田真也先生による「英文ジャーナル公刊に関する私論」である。まず，「そもそも英文ジャーナルに論文をなぜ掲載したいのか」という問いかけから始まり，英文ジャーナル投稿にあたっては，何回も落ちる場合があること，何ケ月（場合によっては1年程度）も待たされること，レフリーレポートは海外の方が丁寧である傾向はあるが，非常に辛辣であることから，めげない心が必要であると述べられた。英文ジャーナル公刊の必要条件でも十分条件でもないもの，国際学会でやってはいけないこと，英文論文を書く上で必要な技能，財務会計の実証論文を書く上で必要な知識，違う分野の研究をすることのメリット，共同研究のメリット・デメリットや共同研究者を選ぶ際の留意点についても説明がなされた。

　いずれの報告に対しても，非常に活発な質疑応答がなされた。また，専門分野（管理会計・財務会計），主たる活動地域（米，欧），報告の抽象度などにおいて多様性のある先生方に報告をしていただくことができた。諸先生方に対しご多忙な折，ご協力いただいたこと改めて感謝の意を表したい。

2．千葉大学・管理会計セミナー概要

2017年7月12日
千葉大学大学院社会科学研究院
教授　内山　哲彦

管理会計研究セミナー「実務家とのコラボレーションと管理会計研究」
　　日時：2017年6月17日（土）　14時〜17時
　　場所：千葉大学　西千葉キャンパス　人文社会科学系総合研究棟　マルチメディア講義室

　　講演1　青木章通氏（専修大学経営学部学部教授）
　　　　　「サービス業における収益管理の現状と課題―7年間の観測から見えてきたこと―」
　　講演2　伊藤武志氏（株式会社価値共創　代表・専修大学大学院商学研究科客員教授）
　　　　　「日本製造業の経営管理の現状とあるべき姿についての一考察」
　　質疑・意見交換と総括
　　司会・ディスカッサント　園田智昭氏（慶應義塾大学商学部教授）

　当セミナーのテーマは「実務家とのコラボレーションと管理会計研究」である。管理会計研究における有用な研究方法の1つとして，企業などにおける実務者やコンサルタントなど，いわゆる実務家とのさまざまな形でのコラボレーション（協働）をあげることができる。ここでいう「コラボレーション」とは，アンケート調査やインタビュー調査をはじめ，実務家も参加する研究会の主催，共同執筆，コンサルティングなど，幅広いものを想定している。

　近年，さまざまな機会を通じて，管理会計研究における研究方法論についての検討・議論が行われて

いる。しかしながら，研究方法論だけを取り上げて議論しても，必ずしも参加者の十分な理解が得られないことも考えられる。その場合，実際の研究事例とあわせて報告・討論することで，より深い理解が得られると考えられる。

そこで，当セミナーでは，これまでに実務家とのさまざまなコラボレーションの経験を有し，優れた研究成果を発表してきた3名の研究者に登壇いただき，実務家とのコラボレーションに基づく研究成果と，その研究成果のためのコラボレーションの方法，そこでの経験やノウハウ，課題等について，セットにして報告いただくとともに，ディスカッサントや参加者とともに討論していただくことを目的とする。そのため，講演いただく2名の報告者の報告・討論の時間を通常よりも長く設定した。このようなセミナーの内容は，これから実務家とのコラボレーションを図ろうとする，大学院生などの若手研究者はもとより，すでに実務家とのコラボレーションを行い，そこでさまざまな課題や悩みを認識している研究者にとって有益なものである考える。

当日は，メルコ学術振興財団理事である星野優太氏による財団紹介の後，報告と討論が行われた。まず，司会・ディスカッサントの園田智昭氏より，以下の問題提起がなされ，その意図が説明された。
1. 調査サイトの見つけ方。
2. 担当者が異動したときなどに，調査サイトを維持する方法。
3. 実務家とのコラボレーションで注意している点。
4. コンサルタントとのコラボレーションについて。
5. 企業の実務上の課題を，研究成果でどう取り扱うか。
6. 机上の空論という批判について，どう考えているか。

続いて，青木章通氏より報告がなされた。報告ではまず，レベニューマネジメントについて，その概念の説明とともに，レベニューマネジメントに関して一般に見られる誤解を改める説明がなされた。また，実態調査を開始した2009年頃の状況，その後の実務における大きな変化，そこでの自身の研究の進捗状況について説明がなされ，実務家とのコラボレーションが研究の発展・深化に大きな役割を果たしていることが明らかにされた。さらに，そのような実務家とのコラボレーションに関する経験，学んだこと，そこからの提言が説明された。

報告に続き，司会・ディスカッサントより示された問題に対する意見・感想が述べられ，園田氏との

討論が行われた。最後に，会場の参加者との質疑応答がなされ，活発な議論が展開された。特に，実務家との接点の獲得・維持について，大学院生から盛んに質問があった。

休憩の後，伊藤武志氏より報告がなされた。報告ではまず，日本の製造業企業における経営管理の現状とあるべき姿についての考察を行うために，大規模製造業企業（化学メーカー）における多角化事業のポートフォリオに関わる投資管理の事例研究が説明された。そこでは，先行研究における知見の整理とともに，当該企業に対するインタビュー調査の概要と，調査から明らかにされた実務の実態が示された。そして，調査結果に基づく考察として，当該企業におけるカンパニー制に伴った事業別の投資管理制度，特に投資枠制度の設定と運用，事後的検証までを捉え，大規模製造業における事業ポートフォリオ管理と全体最適を考えた設備投資マネジメント・プロセス全体を捉えることができたことを，学界への貢献として提示された。さらに，調査対象企業のような実務が，多くの日本の製造業において必ずしも全社的に普及・浸透しているわけではないことから，研究によって得られた知見は実務界への貢献ともなることが示された。

報告に続き，司会・ディスカッサントより示された問題に対する意見・感想が述べられ，園田氏との討論が行われた。最後に，会場の参加者との質疑応答がなされ，活発な議論が展開された。特に，実務家からは自らの実務経験や企業実態に基づく意見・要望等が示された。

3. 福岡大学／京都大学・管理会計セミナー概要（海外招聘）

2017年8月28日
福岡大学商学部
准教授　篠原　巨司馬
京都大学大学院生
庄司　豊

管理会計セミナー「The Temporal Experience of Budgeting」
　　日時：2017年7月4日（火）16時30分〜18時10分
　　場所：京都大学　吉田キャンパス　総合研究2号館3階マルチメディア講義室

　　講演　マーティン・メスナー氏（インスブルック大学経営学部教授)
　　　　「The Temporal Experience of Budgeting」

本セミナーでは，Management Accounting Research 誌の Associate Editor を務め，Accounting, Organizations, Society 誌などの国際的に著名なジャーナルに論文を発表されるなど，国際的に活躍されているインスブルック大学教授の Martin Messner 氏を日本にお招きし，京都大学の学生や日本の研究者の方々に対して最新の研究の知見を共有するためご講演いただいた。

Messner 氏は「予算の時間的な経験」と題して，予算プロセスの時間的な構造のもとで予算活動に従事している管理会計担当者は，どのように彼ら自身の経験を形作っていくか，という研究課題に対して，とある企業における事業部内の生産現場の事例研究について報告をされた。Messner 氏は予算の単なる形式的な手続きではなく，実際に予算編成がどのように現場で行われているのかを分析するために，事例の解釈・説明のための枠組みとして，繰り返し見られるルーティン的な行動としての実践を分

析の中心に置くシャツキの実践理論に，行動の起こるタイミング，行動期間の長さ，行動の激しさの3つの要素を持つ時間的な構造を導入した新たな枠組みを提示され，その後具体的な事例を説明いただいた。

　Messner氏に説明いただいた事例では，予算のプロセスとして「参加」と「ストレッチ」という2つの流れが存在し，参加のプロセスにおいては，生産現場の会計担当者からビジネスユニット，ビジネスユニットから事業部，事業部から全体統括のマネジャーへ，という予算案の提案の流れが存在し，いわゆるボトムアップ型の予算編成を行っている一方で，ストレッチのプロセスにおいては予算目標をより高い目標にするという要求が組織の上層から下層に伝わっていくため，トップダウン型のプロセスも保有している。Messner氏には参与観察やインタビュー，インフォーマルな会話，企業の公式資料などの手段で集めたデータをもとにこのような予算プロセスの状況で，生産現場の管理会計担当者が予算プロセスを「長い期間にわたる」，「ストレスのかかる激しい実践」であり，時間的な余裕などがほとんどない「時間的な感度の高い実践」として経験していたということを詳しく説明いただいた。

　Messner氏によれば，この事例において管理会計担当者は，年次予算を6月から11月にかけて準備しており，また業績予想を年2回（3月～5月，7月～9月），業績見通しを週ごとあるいは月ごとに準備しなければならない状況であったので，常に予算編成に従事していた。このような状況は予算編成プロセスが「長い期間にわたる」実践であると担当者が経験していたことを明確に示している。また，管理会計担当者は，厳しい予算編成の期限やほとんどゼロから予算を作らなければならないこと，さらに計画が正確でないといけないという恐怖から，予算編成をストレスのかかる時間だと認知していたことも説明いただいた。ここから，予算編成の実践は「激しい実践」であったことがわかる。さらに管理会計担当者は予算計画の厳しい提出期限にさらされており，予算プロセスにおいて時間的な余裕はほとんどなかったことを経験しており，予算編成の実践が「時間的な感度の高い実践」であったということも説明いただいた。

　また，Messner氏はこの事例において，実践の時間的な全体性（totalitarian）が予算の経験を形作る1つの要素になる，ということも発見された。実践の全体性とは，正しい目的や行動，活動が組織によって特定されている程度のことを指し示している。事例の中では，管理会計担当者が予算を正しい手続きで行うことや，期限を守ることがより正しい行動であると明確に特定されていた一方で，新たな計画ツールの導入や，急なストレッチの要求など，新たな挑戦が生じたときには，この「正しい行動」がどのようなものかということが揺らいでおり，予算活動の経験の仕方が変化していたということを説明いただいた。

　Messner氏の講演の最中や講演後に，このような最新の研究動向に刺激された参加者とMessner氏の間で活発な質疑応答が行われた。現役の研究者だけでなく，京都大学の大学院生や学部学生などからも多数の質疑が飛び，Messner氏とのやり取りを通して講演内容への理解をより深める大きな助けになったといえるだろう。

　本セミナーは，研究者や大学院生だけでなく，京都大学の学部学生も合わせて，約40名の参加者があり，日本にいながら，国際的に活躍されている海外の気鋭の管理会計研究者の最新の研究について直接お話を伺うことができるとても有益な機会となった。この機会をもとに国際的に活躍する日本の研究者が増加することが期待される。

4. 福岡大学・国際ジャーナル投稿のためのワークショップ概要（海外招聘）

2017 年 8 月 28 日
福岡大学商学部
准教授　篠原　巨司馬

国際ジャーナル投稿のためのワークショップ
　日時：2017 年 7 月 6 日（木）　15 時〜 18 時
　場所：福岡大学大学院（中央図書館棟 6F）会議室 1

　　報告 1　浅田拓史氏（大阪経済大学准教授）
　　　　　　吉川晃史氏（熊本学園大学准教授）
　　　　　　上總康行氏（京都大学名誉教授）
　　　　　「Switching Management Control System Use: A Construction Machinery Manufacturer Case」
　　報告 2　藤野雅史氏（日本大学准教授）
　　　　　　李　　燕氏（拓殖大学准教授）
　　　　　　澤邉紀生氏（京都大学教授）
　　　　　「Incomplete performance measures from a collectivistic view」
　　報告 3　木村麻子氏（関西大学教授）
　　　　　　鈴木寛之氏（Lecturer, University of Bristol）
　　　　　　中嶌道靖氏（関西大学教授）
　　　　　「Sustainability Management Control Systems in the Context of New Product Development: A Case Study on a Japanese Electronics Company」
　　コメンテーター　マーティン・メスナー氏（インスブルック大学教授）

　本セミナーでは，Management Accounting Research 誌の Associate Editor を務め，Accounting, Organizations, Society 誌などの国際的に著名なジャーナルに論文を発表されるなど，国際的に活躍されているインスブルック大学教授のメスナー氏をコメンテーターに迎え，3 名の日本の管理会計研究者が現在取り組んでいる国際ジャーナル投稿論文について議論を行った。また，本セミナーでは定性的研究を国際ジャーナルに掲載するために必要な研究及び執筆の方法論について議論を行った。報告者は，大阪経済大学の浅田拓史氏のグループ，日本大学の藤野雅史氏のグループ，関西大学の木村麻子氏のグループの 3 組であった。また，メスナー氏との協議の結果，当初予定していたプログラムの順序から変更し，それぞれの報告ごとにメスナー氏にコメントをいただきながら議論をする方式にした。報告時間と議論の時間を合わせて 1 時間強ずつの計 3 時間を超えるセミナーであった。以下では，それぞれの報告についてまとめた上で，メスナー氏からのコメントのうち国際ジャーナルに挑戦するために参考となる部分について簡単にまとめる。

　浅田拓史氏のグループの報告タイトルは「Switching Management Control System Use: A Construction Machinery Manufacturer Case」であった。本研究はグローバルに活動している日本建設機械メーカーである小松製作所の管理会計の利用に関してのケーススタディであった。本研究では，Adler and

Borys (1996) に端を発し Ahrens and Chapman (2004) が発展させた自律創造型コントロール (enabling control) 概念を用い外部環境の変化と管理の仕方との対応について考察していた。自律創造型コントロールというのは，従業員の自律的活動を支援するようなコントロールの仕方であり，指示強制型コントロール (coersive control) との対比で説明されている。ケースによると同じ管理会計技法でも経営が比較的安定している状態では自律創造型の利用の仕方になっており，経営危機の状況では指示強制型の利用の仕方になっている。

　藤野雅史氏のグループの報告タイトルは「Incomplete performance measures from a collectivistic view」であった。本研究は相互協調的自己観（collective values）を持っている管理者にとって，分解された業績指標はどのように働くのかを検討するものであった。相互協調的自己観というのは，独立的な自己観との対比される概念である。自己観は，自分がどのような存在かを位置付ける見方である。独立的な自己観というのは個人主義的な文化と結びついて捉えられ，個人を他者と独立して捉え，その内的な能力や自分の過去の行動などにアイデンティティを求める見方である。一方で，相互協調的な自己観というのは，他者との関係性の中に自らの実態を捉えようとする見方である。独立的な自己観においては，他者との関係性は自己を表現するための手段となるが，相互協調的な自己観では他者との関係そのものが自己を規定するため他者との関係性を維持する力が働く。この相互協調的自己観を前提として，日本企業のケースを分析するのが本報告の特徴であった。

　木村麻子氏のグループの報告タイトルは「Sustainability Management Control Systems in the Context of New Product Development: A Case Study on a Japanese Electronics Company」であった。本研究は，新製品開発においてマネジメント・コントロールを用いた持続可能性管理制度（sustainability management control system：以下 SCS）の実践はどのようなプロセスでどの程度利用され役立っているのかを検討するものであった。本研究ではドメインセオリーとして技術・組織・認識という3つの側面を適用して，日本のエレクトロニクス企業の2つの戦略的事業組織を分析していた。結果としては，持続可能な新製品開発の技術のためのコントロールシステムの開発とマネジャーの財務情報への認知がMCSとSCSの統合を促すということが明らかにされた。

　以上のような研究報告を受けて，メスナー氏から英語のライティングに関しては申し分なく，議論のレベルも高く刺激的であったとの感想をもらうことができた。一方で，国際ジャーナルに論文を掲載させるためにはいくつか足りない点があるということであった。まず第1点目は理論の使い方の問題である。2点目は，論文をどの先行研究の延長線上に載せるかを明確にするべきであるということである。そして3点目は研究の面白さを伝えなくてはならないということである。第1点目の問題については，理論というのは事象を説明するために必要とされている側面とその理論の中で導出される研究課題をその理論を用いた先行研究を拡張するためという側面があるということだ。つまり，理論を用いるときは，その理論を適用することで説明したい事象をわかりやすく（understandable）すること，そして理論から事象を見ることで導出される研究課題に取り組むことが重要である。2点目は1点目と関係することだが，ジャーナルで議論されている課題と関連づけなくては，そもそもその研究のユニークさが評価されにくいため，どの先行研究の延長線上にあるのかを明確にするべきであるということである。これについてはメスナー氏の実践的な方法として，まず3本の具体的な論文をあげ，それぞれの論文のどの部分の知見を拡大する研究か伝えるように文章を書くと良いとのことであった。3点目については，これも他の2点と密接に関わるが，取り組んでいる研究の面白さを丁寧に伝えなくては，ケース自体の面白さに目を奪われるため学術的な貢献が理解しにくいということである。そしてその面白さは先行研究との差異部分として現れるために先行研究との差異をいかに説明するかが重要となるということであった。

　以上，本セミナーの議論の要約を行った。しかしながらこれはあくまで筆者の理解であるので解釈の

間違いや意図の取り違えがあるかもしれない。その場合はご指摘いただけると幸いである。

『メルコ管理会計研究』執筆要領

メルコ管理会計研究編集委員会

1. 原稿の言語　　日本語または英語のいずれかとする。
2. 原稿の種類　　原稿は「表紙」と「論文」の2種類を作成する。

    「表紙」の1頁目には，論題，氏名，所属，要旨，キーワード（5項目以内），投稿者連絡先（連絡先住所・電話番号・ファックス番号・電子メールアドレス）を，「表紙」2頁目には，英文論題，英文氏名，英文所属，英文要旨，キーワード（5項目以内）をこの順で記載すること。共同論文の場合は，代表者の連絡先を記すこと。謝辞が必要な場合は，「表紙」に記載すること。

    「論文」には，論題，要旨，キーワード，本文（図・表を含む），注，参考文献を含めることとする。必要な場合には，補遺を含めることができる。また「論文」では，執筆者が特定できるような表現を避けるよう十分配慮すること。

3. 原稿の書式と頁数（1）応募原稿は，ワープロ（Microsoft Wordが望ましい）による横書きで，A4版用紙に1頁41文字×33行＝1,353文字を基準とする。原稿の刷り上がり頁数は，原則として，「表紙」は2頁，「論文」は11頁を上限とする。ただし機関誌編集委員会が妥当と認めた場合には，制限頁数を超えることができる。

    （2）原則として原稿の印字ポイントは下記のとおりとする。英文についてはTimes New Romanフォントによる英字入力とする。

〈本文（要旨・注・参考文献を含む）〉

区分	サイズ/フォント	配置等
主題（タイトル）	14ポイント/明朝	センタリング
副題（サブタイトル）	10ポイント/明朝	センタリングし，前後―で囲む
執筆者	10ポイント/明朝	右寄せ
所属	9ポイント/明朝	右寄せ
要旨・キーワード	8ポイント/明朝	左寄せ
本文	9ポイント/明朝	左寄せ
節	10ポイント/ゴシック	センタリング
項（節内の小見出し）	9ポイント/ゴシック	左寄せ
参考文献	8ポイント/明朝	左寄せ
注	7ポイント/明朝	左寄せ

＊節・項の区切りの部分では1行スペースを入れること。

4．基本構成　　　　　節・項は，下記のように付番する（ローマ数字の使用や，数字のない筋立ては避ける）。

     （例）4 —
       4.1 —
        4.1.1 —
         4.1.1.1 —

5．文章表記　　　　　（1）横書き，新かなづかい，当用漢字，新字体使用を原別とする。
     （2）本文の句読点は，原則として，句点（。）と読点（,）を使用する。
     （3）和文の引用には「　」を使用する。

6．注　　　　　　　　（1）注記は内容に関する注のみとし，引用箇所の表示は本文注の著者名，発表年と頁を丸カッコ（　）で囲んで入れる。複数ある場合は，；で区切る。

     （例）「……」という見解もある（佐藤 1997, 36）。
       ……と解釈されている（鈴木 2000, 54-58；田中 2001, 127）。
       秋元（2000, 163-167）によると，……

     （2）注番号は右肩に記入する。
     （例）……である[1]。
     （3）注記は，注番号の付された頁の下部に脚注として記載する。
     （4）原典からの引用が望ましいが，やむを得ず訳書から引用する場合は，原著者名，原著発表年，邦訳頁を丸カッコに囲んで入れる。
     （例）……が指摘されている（Lev 1991, 邦訳 28）。

7．図・表の作成　　　（1）図・表は，それぞれ上部に通し番号とタイトルを付けて本文中にそのまま入力・配置する。
     （例）図1．タイトル表　　表1．タイトル
     （2）引用した場合は，その出所を図表の下に明記する。

8．参考文献・参考 URL

     参考文献・参考 URL は，原則として以下の表記に従うこと。
     （1）参考文献（通常の出版物，雑誌論文）の一覧は，論文の最後に，和文献（著者氏名の五十音順），洋文献（ファミリーネームのアルファベット順）の順に記載する（注を使った文献表示は避ける。ただし統計報告書・新聞・政府文書等この限りではない）。
     （2）書物名・雑誌名は，和文の場合は，『　』，欧文ではイタリックとする。
     （3）論文名は，和文の場合は「　」で囲む。
     （4）文献は次の順序で表記する。詳細は下記の例示を参照すること。
     単行本：著書（編者）名，発行年，書物名（副題とも）・版，発行所。
     論文：著者名，発行年，論文名，収録書物の著者（編者）名，集録書物名（または雑誌名），巻数，号数，頁数。
     （例）
     上總康行．1993．『管理会計論』新世社．
     上總康行．2003a．「管理会計実務の日本的特徴—銀行借入と投資経済計算を中心に—」『経理研究所紀要』（東北学院大学）11：1-22．
     上總康行．2003b．「資本コストを考慮した回収期間法—割引回収期間法

と割増回収期間法―」『管理会計学』12(1):41-52.

上總康行・澤邉紀生.2006.「次世代管理会計のフレームワーク」上總康行・澤邉紀生編著.『次世代管理会計の構想』中央経済社:1-37.

Anthony, R. N. and V. Govindarajan. 2001. Management Control Systems. 10th ed., New York : McGraw-Hill.

Kaplan, R. S. and D. P. Norton. 1996. *The Balanced Scorecard : Translating Strategy into Action.* Boston. Mass. : Harvard Business School Press.(吉川武男訳.1997.『バランス・スコアカード―新しい経営指標による企業変革―』生産性出版)

Lowe, T. and T. Puxty. 1989. The Problems of a Paradigm : A Critique of the Prevailing Orthodoxy in Management Control. W. F. Chua, T. Lowe and T. Puxty (eds.) *Critical Perspectives in Management Control.* London : Macmillan : 9-26.

Simons, R. 1990. The Role of management control systems in creating competitive advantage : New perspectives. *Accounting, Organizations and Society* 15(1/2) : 127-143.

(5)参考URLは,参考文献に続けて,アルファベット順のリストの形で記載する。

なお,記述スタイルの統一を図るため,文書,かなづかいなどについて,編集委員が修正することがある。また,仕上がりの改善を図るため,図表についてオリジナルデータ(Wordファイルに配置する前のExcelのグラフデータや写真のJPGデータなど)の提供をお願いすることがある。

編集後記

　メルコ管理会計研究第10号-1では、メルコ学術振興財団設立10周年記念国際シンポジウム講演録（その1）を掲載しております。講演録の編集にあたっては星野優太先生（メルコ学術振興財団理事）をはじめとする多くの方々に多大なるご尽力をいただきました。ご協力いただいた方々に厚く御礼申し上げます。また、今号から、新しい編集体制の下で編集委員長補佐が担当した査読論文が掲載されております。査読者の先生方にご協力いただきましたこと、この場を借りて御礼申し上げます。

　2018年1月15日

　　　　　　　　　　　　　　　　　　　　　　　　　　　　　　　　　　　　　　澤邉紀生